向毛泽东同志学习辩证法

曲青山 ◎ 著

中共党史出版社

图书在版编目（CIP）数据

向毛泽东同志学习辩证法 / 曲青山著 . -- 北京：
中共党史出版社，2023.11
ISBN 978-7-5098-6426-5

Ⅰ . ①向… Ⅱ . ①曲… Ⅲ . ①毛泽东思想—辩证法—
研究 Ⅳ . ① A841.63

中国国家版本馆 CIP 数据核字（2023）第 203500 号

书　　名：**向毛泽东同志学习辩证法**
作　　者：曲青山

出版发行：**中共党史出版社**
责任编辑：李亚平　李杨
责任校对：申宁
责任印制：段文超
社　　址：北京市海淀区芙蓉里南街 6 号院 1 号楼　邮编：100080
网　　址：www.dscbs.com
经　　销：新华书店
印　　刷：北京盛通印刷股份有限公司
开　　本：720mm×1000mm　1/16
字　　数：105 千字
印　　张：9
版　　次：2023 年 11 月第 1 版
印　　次：2023 年 11 月第 1 次印刷
书　　号：ISBN 978-7-5098-6426-5
定　　价：36.00 元

目　录

向毛泽东同志学习辩证法

习近平总书记在纪念毛泽东同志诞辰一百二十周年座谈会上发表的重要讲话，回顾了毛泽东同志一生的丰功伟绩，总结了以毛泽东同志为主要代表的中国共产党人对中国革命和建设作出的卓越贡献，对坚持和运用好毛泽东思想特别是毛泽东思想活的灵魂，提出了明确要求。

毛泽东同志是伟大的思想家，同时是伟大的革命家。他的著作不是书斋里的学问，而是顺应时代潮流、满足人民意愿、掌握历史主动、肩负历史使命的产物，是在领导中国革命和建设长期实践中，对党和人民伟大奋斗所作的经验总结、所得出的规律性认识、所获得的思想结晶。

毛泽东同志的辩证法思想，在毛泽东哲学思想中具有重要地位，是毛泽东思想的重要组成部分。今天，我们学习毛泽东同志的辩证法思想，对于在新时代新征程，更加紧密地团结在以习近平同志为核心的党中央周围，砥砺奋进、攻坚克难，继续走好新的赶考之路，坚定不移推进强国建设、民族复兴的伟业，具有重要意义。

一、毛泽东同志的辩证法思想，为中国革命和 建设提供了强大的"精神上的武器"

马克思指出："哲学把无产阶级当作自己的物质武器，同样，无产阶级也把哲学当作自己的精神武器"。辩证唯物主义和历史唯物主义是马克思主义的哲学，是马克思主义的三大组成部分之一。马克思主义哲学在其理论体系中居于基础地位。毛泽东哲学思想，是毛泽东思想的重要组成部分，在毛泽东思想中也居于基础地位。

毛泽东哲学思想集中体现在毛泽东同志的《实践论》《矛盾论》等光辉著作之中。《实践论》主要论述的是马克思主义认识论，《矛盾论》主要论述的是马克思主义辩证法。《实践论》是以辩证法为内容论述认识论的，《矛盾论》是在认识论的意义上阐述辩证法的。认识论和辩证法是马克思主义哲学的核心内容。毛泽东同志写作这两部著作的初衷是为了反对当时党内严重存在的经验主义、教条主义，目的是为党确立马克思主义的思想路线奠定哲学基础。马克思主义辩证法与认识论不可分离。列宁认为，马克思主义哲学是一整块钢铸成，辩证法也就是马克思主义的认识论。毛泽东同志也曾说过，世界观同方法论是一个东西，辩证法、认识论、论理学，也是一个东西。如果不懂得辩证法，则我们的事情是办不好的，革命中间的错误无一不违反辩证。但如懂得了它，那就能生出绝大的效果。一切做对了的事，考究起来，都是合乎辩证法的，因此一切革命的同志们首先是干部，都应用心地研究辩证法。辩证法在毛泽东哲学思想中有着举足轻重的地位。

学习毛泽东同志的辩证法思想，是学习毛泽东哲学思想的重要内容。学习毛泽东同志的辩证法思想，可以看到这一思想的提出和形成，为马克思主义哲学宝库增添了新内容，为党的理论创新奠定了坚实的思想理论基础，为党和人民事业的发展提供了科学世界观和方法论。

（一）毛泽东同志的辩证法思想，为夺取我国新民主主义革命的胜利提供了正确观点和科学方法。 在新民主主义革命时期，毛泽东同志灵活运用马克思主义立场观点方法，准确揭示了中国革命的特点和规律，成功开辟了一条以农村包围城市、武装夺取政权的正确革命道路。在长期革命战争中，毛泽东同志写下了《中国革命战争的战略问题》《抗日游击战争的战略问题》《论持久战》等重要军事著作，这是毛泽东同志将辩证法运用于军事领域的典范之作，同时也是极为精彩的哲学著作，这些著作中论述的辩证法思想尤其光彩夺目。

1937 年 7 月 7 日，卢沟桥事变爆发后，全国抗战开始。当时，有两种主要错误观点即"亡国论""速胜论"在国内广泛流行，严重影响着人们对抗战的决心和信心。对这个问题必须作出一个正确回答，否则对抗战十分不利，毛泽东

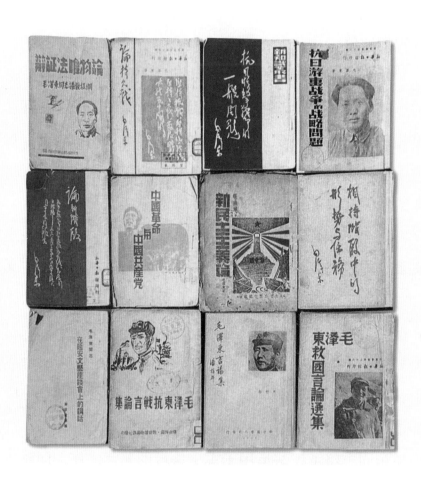

毛泽东同志在抗日战争时期发表的部分著作。

同志认为需要"做个总结性的解释"。1938 年 5 月底至 6 月初，他在延安抗日战争研究会作了《论持久战》的长篇讲演，全面地考察了战争背景和战争进程，深入分析了中日双方的矛盾因素及其发展变化，不仅雄辩证明了"抗日战争是持久战，最后胜利是中国的"，而且科学预见了持久战必须经过的三个阶段，并提出了每个阶段的具体战略方针。《论持久战》处处充满了辩证法，体现了唯物论，是抗日战争时期毛泽东同志最为重要的一部军事著作，一经发表，便"震动了解放区，也震动了国民党统治区"，成为中国人民抗日战争的总的战略指导思想。

毛泽东军事思想闪耀着军事辩证法的光辉。朱德同志指出："毛泽东同志系统地研究了中国革命战争的规律，特别重要的是毛泽东同志在他的军事著作中，着重发展了马克思列宁主义军事科学的理论基础和方法论，即军事辩证法。"毛泽东同志的军事辩证法，对军事斗争中所涉及的方方面面的矛盾，比如军事与政治、战争与和平、进攻与防御、优势与劣势、主动与被动、全局与局部、内线与外线、持久战与速决战、阵地战与运动战，等等，都作出了十分精辟的辩证分析和阐述。毛泽东军事思想成功指导了中国革命战争，其中毛泽东同志的军事辩证法则发挥了重要作用。

（二）毛泽东同志的辩证法思想，为取得我国社会主义革命和社会主义建设巨大成就提供了正确观点和科学方法。中国革命胜利前夕，毛泽东同志就清醒预见到建设新中国的

1938 年，毛泽东同志在延安窑洞撰写《论持久战》。

艰巨性、复杂性，但他同时满怀信心地指出，国家建设这个课题对我们来说是生疏的，然而是可以学会的。学习的基本方法就是唯物辩证法。新中国成立后，毛泽东同志将唯物辩证法运用于新的实践，带领全党全国人民认真学习和探索"国家建设这个课题"，写出了一系列新的著作。

1956 年 4 月，在深入调查研究基础上，毛泽东同志在中共中央政治局扩大会议上发表著名的《论十大关系》讲话，强调"这十种关系，都是矛盾"，"我们的任务，是要正确处理这些矛盾"，这些矛盾处理好了，有利于社会主义革命和建设事业的发展。毛泽东同志对这十对矛盾逐一进行了深入具体的辩证分析。比如，对"经济建设和国防建设的关系"如何处理，他指出，"国防不可不有"，但想要增强国防力量，就应"把军政费用降到一个适当的比例，增加经济建设费用"，因为"只有经济建设发展得更快了，国防建设才能够有更大的进步"。他还非常形象幽默地借用老百姓常说的俚语来比喻"国家、生产单位和生产者个人的关系"，指出"你要母鸡多生蛋，又不给它米吃，又要马儿跑得好，又要马儿不吃草。世界上哪有这样的道理！"又比如，对"中国和外国的关系"如何处理，他指出，"一切民族、一切国家的长处都要学，政治、经济、科学、技术、文学、艺术的一切真正好的东西都要学。但是，必须有分析有批判地学，不能盲目地学，不能一切照抄，机械搬用。"等等。《论十大关系》以辩证思维对中国社会主义革命和建设经验作了初步

1956 年 5 月，毛泽东同志在最高国务会议上作《论十大关系》的报告。

总结，提出了调动一切可以调动的积极因素，为社会主义事业服务的基本方针，成为我们党独立自主探索适合中国国情的社会主义建设道路的开端。

在这个时期，毛泽东同志撰写的《关于正确处理人民内部矛盾的问题》等重要著作，也都是运用唯物辩证法指导国家建设的典范之作，代表了我们党在领导社会主义革命和建设过程中取得的独创性理论成果，这些成果为党在新的历史时期开创中国特色社会主义提供了经验积累和理论准备。

（三）毛泽东同志的辩证法思想，为我们党推进党的建设"伟大的工程"提供了正确观点和科学方法。在中国的特殊国情下，"建设一个全国范围的、广大群众性的、思想上政治上组织上完全巩固的布尔什维克化的中国共产党"，是极其艰巨的任务，毛泽东同志将其称之为一项"伟大的工程"。在坚持和加强党的建设过程中，他把唯物辩证法作为建设这项伟大工程的哲学基础，以其充满哲学智慧的党建思想，领导全党成功推进和实施了这一"伟大的工程"。

1939年10月，毛泽东同志撰写发表了《〈共产党人〉发刊词》。他从我们党已经"变成了全国性的大党"的新的历史条件和形势出发，抓住建设一个什么样的党、怎样建设这个党并正确领导中国革命这一主要矛盾，深刻总结我们党成立以来的"十八年的经验"，明确指出："统一战线，武装斗争，党的建设，是中国共产党在中国革命中战胜敌人的三个法宝，三个主要的法宝。"阐明这三大法宝之间相互依存、相互制约、相互促进的辩证关系："统一战线和武装斗争，是战胜敌人的两个基本武器。统一战线，是实行武装斗争的统一战线。而党的组织，则是掌握统一战线和武装斗争这两个武器以实行对敌冲锋陷阵的英勇战士。"毛泽东同志特别强调："正确地理解了这三个问题及其相互关系，就等于正确地领导了全部中国革命。"

对民主集中制的贯彻执行，毛泽东同志有正确的认识和分析。他从矛盾的同一性和斗争性原理出发，深刻阐明了民主和集中的辩证关系。"民主是对集中而言，自由是对纪律而言。这些都是一个统一体的两个矛盾着的侧面，它们是矛盾的，又是统一的，我们不应当片面地强调某一个侧面而否定另一个侧面"，"民主和集中的统一，自由和纪律的统一，就是我们的民主集中制"。

对党性和个性的关系处理，毛泽东同志也有正确的认识和分析。他从矛盾的普遍性和特殊性原理出发，在党的七大上阐明了党性和个性的辩证关系。"党性就是普遍性，个性就是特殊性。没有一种普遍性不是建筑在特殊性的基础上的。"他强调，"党性是共同的性质、普遍的性质，全党每一个人都有的性质"，个性必须统一于党性，进而向全党提出了实现"更高的统一，更高的团结"的要求。

毛泽东同志的党建思想，是将辩证法运用到党的建设中的典范之作，为创造性地解决在中国特殊的社会历史条件下建设马克思主义政党的一系列重大问题指明了正确方向。

（四）毛泽东同志的辩证法思想，为我们党制定重大的战略策略提供了正确观点和科学方法。毛泽东同志指出："政策和策略是党的生命"，"没有全般的策略观点与政策观点，中国革命是永远不能胜利的"。毛泽东同志善于把握战略和策略的辩证关系，把战略的坚定性和策略的灵活性结合起来，在治党治国治军中提出一系列重要的战略思想和策略原则。

新中国成立后，以美国为首的西方国家对我国实行遏制和孤立政策，面对"美国只要有机会，总是要整我们"的严峻国际形势，毛泽东同志指出，总的原则是"战略上藐视它，战术上重视它"。由此出发，我们党不仅始终保持了对美斗争的战略定力，而且善于及时准确把握斗争形势的发展变化，灵活调整斗争策略，牢牢掌握了对美斗争的战略主动。毛泽东同志进一步从哲学上论证和丰富了"一切反动派都是纸老虎"的著名论断的科学内涵，强调"同世界上一切事物无不具有两重性（即对立统一规律）一样，帝国主义和一切反动派也有两重性，它们是真老虎又是纸老虎"，"帝国主义由真老虎变成半真半假的老虎，再变成完全的假老虎，即纸老虎，这是一个事物走向反面的转化过程，我们的任务就是要促进这个过程"。

此外，他提出的"两条腿走路"、"利用矛盾，争取多数，反对少数，各个击破"、"要善于斗争，又善于妥协"、掌握"两点论"、学会"弹钢琴"等一系列斗争策略和工作

　　1946 年 8 月，毛泽东同志会见美国记者斯特朗，提出"一切反动派都是纸老虎"的著名论断。图为会见地点。

方法，都来自于唯物辩证法基本原理和具体斗争实践的紧密结合，这些策略和方法对革命和建设具有重要的指导意义。

（五）毛泽东同志的辩证法思想，为我国革命和建设的其他领域的工作提供了正确观点和科学方法。比如，对文化建设提出的"百花齐放、百家争鸣"的方针；比如，对中国共产党同民主党派的关系，提出的"长期共存、互相监督"的方针；比如，对于科学研究，提出的关于自然科学中物质无限可分的思想；等等。这些方针和思想无不生动体现了毛泽东同志对马克思主义辩证法的深邃思考和娴熟运用。

二、毛泽东同志的辩证法思想，在中国共产党思想史上具有重要历史地位和意义

在中国革命和建设的壮阔历程中，毛泽东同志将他的辩证法思想贯彻于人民群众的伟大实践之中，对辩证法的创新、发展、运用达到了炉火纯青的境界和高度，堪称人类历史上的辩证法大师。

学习毛泽东同志的辩证法思想，我们完全可以得出这样的结论：毛泽东同志是把马克思主义基本原理同中国具体实际相结合、同中华优秀传统文化相结合的光辉典范。

毛泽东同志在青年时代，就致力于探寻救国救民的"大本大源"，他认为改造中国，必须改造哲学、普及哲学，"根本上变换全国之思想"。他不仅对当时流行的新观点、新思潮给予极大关注，而且对中华优秀传统文化中的辩证思想表

现出浓厚的兴趣，在成为一个马克思主义者之前，他就已具有了相当的辩证思维素养。而在"找到了马克思列宁主义这个放之四海而皆准的理论"之后，他"用无产阶级的宇宙观作为观察国家命运的工具"，最终确立了科学的世界观，形成了自己独具特色的辩证法思想。

毛泽东同志的辩证法思想主要来源于三个方面，即马克思主义基本原理、中华优秀传统文化和中国现实的具体实际。

（一）毛泽东同志的辩证法思想，对马克思主义辩证法进行了创造性运用和发展。 辩证法是一门发展的科学，毛泽东同志的辩证法思想不是凭空而来的，而是在继承中发展、在发展中创新的。马克思说过："黑格尔的辩证法是一切辩证法的基本形式，但是，只有在剥去它的神秘的形式之后才是这样"。马克思吸收了黑格尔辩证法的合理内核，发展为唯物辩证法。所以，毛泽东同志说，黑格尔"是马克思、恩格斯的先生，也是列宁的先生，也是我们的先生"，"但是他的辩证法却是唯心的辩证法。直到无产阶级运动的伟大的活动家马克思和恩格斯综合了人类认识史的积极的成果，特别是批判地吸取了黑格尔的辩证法的合理的部分，创造了辩证唯物论和历史唯物论这个伟大的理论，才在人类认识史上起了一个空前的大革命。后来，经过列宁和斯大林，又发展了这个伟大的理论。这个理论一经传到中国来，就在中国思想界引起了极大的变化。"在继承从黑格尔到马克思、恩格斯、列宁等这些"先生"们思想成果的基础上，毛泽东同志又进一步丰富和发展了辩证法。这主要表现在两个方面。

一方面，毛泽东同志创造性地发展了对立统一规律是辩证法实质和核心的思想，建立起矛盾学说的理论体系。毛泽东同志详细论证了辩证法的其他范畴，特别是质量互变、否定之否定等，都可以在对立统一规律中予以说明，进而在马克思主义哲学史上第一次将对立统一规律作为根本规律加以系统化，将其方法论意义提升到前所未有的高度，将主观辩证法和客观辩证法贯通，实现二者的统一。

另一方面，毛泽东同志创造性发展了矛盾的普遍性和特殊性原理，提出个性与共性关系是矛盾问题精髓的论断。毛泽东同志深感党内教条主义者"不了解研究当前具体事物的矛盾的特殊性，对于我们指导革命实践的发展有何等重要的意义"，因而在对矛盾特殊性的研究和论述上用力极深，下了极大的功夫。这个原理的提出就为我们党提出马克思主义中国化的重大命题，奠定了重要的方法论基础。

毛泽东同志的辩证法思想，对马克思主义辩证法作出了新的解读和建构，为马克思主义哲学注入了中国革命和建设的新鲜实践经验，使其科学性和真理性进一步得到充分彰显。

（二）毛泽东同志的辩证法思想，对中华优秀传统文化的辩证思想进行了创造性转化和创新性发展。毛泽东同志指出："我们是马克思主义的历史主义者，我们不应当割断历史。从孔夫子到孙中山，我们应当给以总结，承继这一份珍贵的遗产。"他特别强调，"要使辩证法唯物论思潮在中国深入与发展下去",就必须"清算中国古代的哲学遗产"。如何"承继",如何"清算",毛泽东同志也给出了正确的答案:"用马克思主义的方法给以批判的总结",以"新鲜活泼的、为中国老百姓所喜闻乐见的中国作风和中国气派","使马克思主义在中国具体化,使之在其每一表现中带着必须有的中国的特性"。这种对民族文化批判性继承的高度自觉,在毛泽东同志的哲学著作中表现得非常鲜明和突出。

譬如,毛泽东同志在撰写《实践论》时,还专门设了一个副标题:"论认识和实践的关系——知和行的关系"。而后半句"知和行的关系"正是中国传统哲学中一个历史非常悠久的重要哲学范畴。《实践论》以"辩证唯物论的知行统一观",科学阐明了认识和实践的辩证关系,全面超越了中国传统的知行学说。毛泽东同志对矛盾概念的使用也是如此。"矛盾"一词原本是我国传统文化中表示对立统一关系的一个概念。毛泽东同志独具匠心地用以命名《矛盾论》这部哲学著作,不仅赋予对立统一规律以中国化的民族形式,同时也包含了总结和改造传统文化的积极探索和价值取向。

在毛泽东同志的著作中,这样的事例不胜枚举。他或者直接借用古代辩证法的命题,如用"兼听则明,偏听则暗"来批驳形而上学的片面性;或者赋予旧的命题以新的内涵,如用"实事求是"来概括党的思想路线的本质内涵,用"相反相成"来解释矛盾的斗争性和同一性;或者用历史典故、神话故事、民间传说来说明辩证法的一般原理,如用历史小说《水浒传》中林冲棒打洪教头的故事，来说明以退为进的道理；等等。

毛泽东同志的辩证法思想，具有深厚的中华优秀传统文化底蕴，有着鲜明的中国特色、中国风格、中国气派。

（三）毛泽东同志的辩证法思想，对中国革命和建设的实践经验进行了高度概括和总结。毛泽东同志曾在回顾中国共产党成立后所经历的"十四年的曲折"时指出："过去栽筋斗主要是个思想问题，是不认识、不觉悟的问题。"所以他特别重视以马克思主义为"工具"，对中国的具体实际进行辩证分析，对革命的经验教训作出科学总结，他曾意味深长地说，我是靠总结经验吃饭的。他在总结经验教训中，获得启示，得到镜鉴，以促进全党全国人民的觉悟。

1960 年 2 月，毛泽东同志在读苏联《政治经济学教科书》时指出："这本书说的是书生的话，不是革命家的话"，"理论和实践没有结合起来。同时作者们没有辩证法"。他强调："没有哲学家头脑的作家，要写出好的经济学来是不可能的。马克思能够写出《资本论》，列宁能够写出《帝国主义论》，因为他们同时是哲学家，有哲学家的头脑，有辩证法这个武器。"毛泽东同志的著作，正是以"哲学家的头脑""辩证法这个武器"研究探索中国革命和建设的客观发展规律取得的优秀思想成果。

1962 年 1 月，毛泽东同志在七千人大会上说："在民主革命时期，经过胜利、失败，再胜利、再失败，两次比较，我们才认识了中国这个客观世界。在抗日战争前夜和抗日战争时期，我写了一些论文，例如《中国革命战争的战略问题》、《论持久战》、《新民主主义论》、《〈共产党人〉发刊词》，替中央起草过一些关于政策、策略的文件，都是革命经验的总结。那些论文和文件，只有在那个时候才能产生，在以前不可能，因为没有经过大风大浪，没有两次胜利和两次失败的比较，还没有充分的经验，还不能充分认识中国革命的规律。"

毛泽东同志的辩证法思想，是实践的辩证法，是认识与实践相结合、理论与实际相联系、改造主观世界与改造客观世界相统一的思想结晶。

综上所述，毛泽东同志的辩证法思想的形成与发展，并不是封闭的、孤立的、静止的，而是在马克思主义、中华优秀传统文化、中国革命和建设实际，三个方面相互联系、相互影响、相互作用、相互促进的过程中，融合为一个有机整体。正如毛泽东同志所指出的那样："马克思主义必须和我国的具体特点相结合并通过一定的民族形式才能实现"。这种结合的结果，不仅为中国革命和建设事业奠定了哲学基础，为中国共产党人提供了强大思想武器，同时也极大地丰富和发展了马克思主义辩证法；不仅推动了中华优秀传统文化的辩证思想创造性转化和创新性发展，为其赋予崭新的科学形态和时代价值，同时也赋予毛泽东同志的辩证法思想以鲜明的民族特色、时代特征，这对于唯物辩证法思想在中国的传播和普及尤为重要。

三、学习毛泽东同志的辩证法思想，开创当代马克思主义新境界

毛泽东同志的辩证法思想，是毛泽东同志留给我们的宝贵精神财富，我们要世世代代传承下去，并结合新的实际创造性运用和发展。

经过长期努力，中国特色社会主义进入新时代。习近平总书记指出："这是一个需要理论而且一定能够产生理论的时代，这是一个需要思想而且一定能够产生思想的时代。"党的十八大以来，以习近平同志为核心的党中央团结带领全国各族人民，举旗定向、谋篇布局，攻坚克难、强基固本，开辟了治国理政新境界，开创了党和国家事业发展新局面。在这个伟大实践中，习近平总书记以非凡的政治勇气，高超的政治智慧，强烈的历史担当精神，创立了习近平新时代中国特色社会主义思想，实现了马克思主义中国化时代化新的飞跃。党的创新理论中包含了对毛泽东同志的辩证法思想的继承和发展。

（一）努力把马克思主义哲学作为自己的看家本领。习近平总书记高度重视学哲学、用哲学。2015 年 1 月 23 日他在主持十八届中央政治局第二十次集体学习时强调："辩证唯物主义是中国共产党人的世界观和方法论"，我们党要团结带领人民实现"两个一百年"奋斗目标、实现中华民族

伟大复兴的中国梦，必须不断接受马克思主义哲学智慧的滋养，更加自觉地坚持和运用辩证唯物主义世界观和方法论，增强辩证思维、战略思维能力，努力提高解决我国改革发展基本问题的本领。他要求"全党都要加强对马克思主义哲学的学习和运用"，"读一些马克思主义哲学基本著作"，"努力把马克思主义哲学作为自己的看家本领"。要掌握好这门看家本领，就必须学习好唯物辩证法，特别是要学习掌握世界统一于物质、物质决定意识的原理，坚持从客观实际出发制定政策、推动工作；学习掌握事物矛盾运动的基本原理，不断强化问题意识，积极面对和化解前进中遇到的矛盾；学习掌握唯物辩证法的根本方法，不断增强辩证思维能力，提高驾驭复杂局面、处理复杂问题的本领；学习掌握认识和实践辩证关系的原理，坚持实践第一的观点，不断推进实践基础上的理论创新。

（二）将"六个必须坚持"作为全党的"共同语言"。毛泽东同志当年在延安曾形象地将马克思主义哲学称之为共产党人的"共同语言"，要求全党同志务必用心掌握。辩证唯物主义和历史唯物主义是全党的"共同语言"，毛泽东思想活的灵魂"实事求是、群众路线、独立自主"是全党的"共同语言"，党的思想路线的本质内容"解放思想、实事求是、与时俱进、求真务实"是全党的"共同语言"，党的二十大总结概括的习近平新时代中国特色社会主义思想的世界观和方法论以及贯穿这一思想其中的立场观点方法，即

"六个必须坚持"，是全党新的"共同语言"。这些"共同语言"既具有唯物论的特质，又具有辩证法的思想；既一脉相承，又与时俱进。学会了这些"共同语言"，我们才能深刻把握习近平新时代中国特色社会主义思想的科学体系、核心要义、实践要求，真正做到深化内化转化，用以武装头脑、指导实践、推动工作。

（三）在"两个结合"中开创辩证法的新时代。实践发展永无止境，理论创新也永无止境。马克思主义的活力、魅力、生命力在于创新。毛泽东同志说，单靠老祖宗是不行的，必须写出新的著作、创造新的理论，为当前的政治服务。习近平总书记在实践的基础上提出了"两个结合"的重大命题，这是一个重大理论创新，"'第二个结合'是又一次的思想解放"。"两个结合"的提出，表明我们党的历史自信、文化自信达到了新高度。"两个结合"是推进马克思主义中国化时代化的根本途径，只有坚持"两个结合"，才能使马克思主义成为中国的，使中华优秀传统文化成为现代的，才能在新时代学习辩证法、运用辩证法、发展辩证法，坚持客观辩证法与主观辩证法的统一，研究新情况、解决新问题，自信自立、守正创新，不断开辟马克思主义中国化时代化新境界，从而为全面推进强国建设、民族复兴伟业，奠定更为坚实的哲学基础，提供更为强大的精神力量。

学习毛泽东同志独立自主的探索和实践精神

毛泽东是一个伟大的名字，毛泽东思想是一个光辉的思想，这个名字和思想同我们党的历史、人民军队的历史、新中国的历史、中华民族的历史息息相关、紧密相连。今年是毛泽东同志诞辰一百三十周年。学习和缅怀毛泽东同志伟大而光辉的业绩，学习和继承他崇高的精神风范，对于我们在新时代新征程，在以习近平同志为核心的党中央的坚强领导下，坚定信心、同心同德，埋头苦干、勇毅前行，创造新的历史伟业，具有极其重大的意义。本文仅就学习毛泽东同志独立自主的探索和实践精神，谈点认识和体会。

一、我们党真正懂得独立自主是从遵义会议开始

独立自主是毛泽东思想活的灵魂的三个基本方面之一，是毛泽东同志留给我们的宝贵财富。1963 年 9 月 3 日，毛泽东同志会见由中央委员会主席艾地率领的印度尼西亚共产党代表团，在回顾中国共产党历史时，曾讲过这样一段

话:"离开了先生,学生就自己学。有先生有好处,也有坏处。不要先生,自己读书,自己写字,自己想问题。这是一条真理。过去我们就是由先生把着手学写字,从一九二一年党成立到一九三四年,我们就是吃了先生的亏,纲领由先生起草,中央全会的决议也由先生起草,特别是一九三四年,使我们遭到了很大的损失。从那之后,我们就懂得要自己想问题。我们认识中国,花了几十年时间。中国人不懂中国情况,这怎么行?真正懂得独立自主是从遵义会议开始的,这次会议批判了教条主义。"毛泽东同志的这段谈话,是对我们党从 1921 年 7 月建党至 1935 年 1 月召开遵义会议的历史所作的概括性叙述,这段叙述不仅讲得准确权威,而且讲得非常形象和生动。毛泽东同志后来还说过:"中国这个客观世界,整个地说来,是由中国人认识的,不是在共产国际管中国问题的同志们认识的。共产国际的这些同志就不了解或者说不很了解中国社会,中国民族,中国革命。对于中国这个客观世界,我们自己在很长时间内都认识不清楚,何况外国同志呢?"回想这一段历史,我们党从小到大、由弱到强,一路走来是十分不容易的。

事非经过不知难,成如容易却艰辛。中国共产党是在共产国际(第三国际)的指导和帮助下建立的。1921 年 7 月,我们党召开一大时,共产国际派代表马林、尼克尔斯基参加了会议,两个人还在会议上讲了话、作了指示。党的一大通过的第一个纲领中专门写上了"联合第三国际"的内容。1922 年 7 月，党召开二大时，通过了一个决议，正式加入第三国际。这就意味着中国共产党是共产国际的一个下属支部。按照共产国际的组织原则和纪律规定，个人服从组织，下级服从上级，少数服从多数。那么，从此以后共产国际所作出的一切决议、决定和指示，中国共产党都必须无条件贯彻执行，而中国共产党党内的一切重要事项也必须及时向共产国际请示报告。这就提出了一个如何处理好中国共产党与共产国际的关系问题，也就提出了一个如何保持中国共产党自身独立的问题。第三国际成立于 1919 年，1943 年解散，共存在 24 年。1956 年 9 月 22 日，毛泽东同志在会见外宾时曾提到过第三国际，评价了中国共产党与第三国际的关系。毛泽东同志说："第三国际两头好，中间不好。季米特洛夫同志是较谨慎的。日本投降前，第三国际解散了，我们的事就好办了，就像生产关系改变了，生产力得到解放一样。"所谓"两头好"，就是共产国际早期和晚期给了中国革命很多正确的指导与帮助。所谓"中间不好"，就是指中期特别是党的六届四中全会的筹备和召开，在这个过程中共产国际作出过许多错误的决定和指示。王明等人上台，之所以在党内能推行"左"倾教条主义路线且长达四年之久，与共产国际有很大的关系。1935 年 1 月，中共中央政治局在长征途中召开遵义会议，这次会议是在我们党与共产国际中断联系的情况下召开的。会议就第五次反"围剿"以来的军事问题进行了认真的讨论和总结，批评了博古、李德的错误，并改组了中央领导机构，选举毛泽东同志为中共中央政治局常委。为了贯彻落实遵义会议精神，此后召开的中央会议还作出了一系列重要决定。历史充分表明，遵义会议是我们党的历史上一次十分重要的会议，会议结束了王明"左"倾教条主义在党内的统治地位，这时我们党已经成为一个成熟的马克思主义政党。在党的历史上，我们党共作出过三个历史决议，这三个历史决议都对遵义会议的历史地位给予了高度评价。党的十九届六中全会通过的《关于党的百年奋斗重大成就和历史经验的决议》指出：遵义会议，开启了党独立自主解决中国革命实际问题新阶段，在最危急关头挽救了党、挽救了红军、挽救了中国革命，"这在党的历史上是一个生死攸关的转折点"。从这一段历史我们可以看到，独立自主，对我们党、红军、中国革命所产生的极其重大的意义。

二、党团结带领中国人民在独立自主中开拓前进

对独立自主问题，我们党成立伊始就高度重视，早期党内就有人对这个问题进行过探索和思考。但是，比较系统地完整地确立独立自主原则和提出独立自主重要思想的则是毛泽东同志。1930年5月，毛泽东同志在《反对本本主义》一文中就深刻指出："以为上了书的就是对的，文化落后的中国农民至今还存着这种心理。不谓共产党内讨论问题，也还有人开口闭口'拿本本来'。我们说上级领导机关的指示是正确的，决不单是因为它出于'上级领导机关'，而是因

遵义会议会址。

井冈山。

延安宝塔山。

为它的内容是适合于斗争中客观和主观情势的，是斗争所需要的。不根据实际情况进行讨论和审察，一味盲目执行，这种单纯建立在'上级'观念上的形式主义的态度是很不对的。为什么党的策略路线总是不能深入群众，就是这种形式主义在那里作怪。盲目地表面上完全无异议地执行上级的指示，这不是真正在执行上级的指示，这是反对上级指示或者对上级指示怠工的最妙方法。"他鲜明地提出："中国革命斗争的胜利要靠中国同志了解中国情况。"1927 年大革命失败后，毛泽东同志率领秋收起义的部队上了井冈山，创立了中国第一块农村革命根据地。正是以毛泽东同志为主要代表的中国共产党人，把马克思主义的基本原理同中国革命的具体实际相结合，一切从实际出发，实事求是，坚持独立自主，才带领中国人民走出了一条农村包围城市、最后夺取全国胜利的革命道路。遵义会议，事实上确立了毛泽东同志在党中央和红军的领导地位，开始确立以毛泽东同志为主要代表的马克思主义正确路线在党中央的领导地位，开始形成以毛泽东同志为核心的党的第一代中央领导集体，并且在这之后开展了延安整风，通过整风全党达到了高度的团结和统一，成为"一块坚硬的钢铁"。在党的七大上，党总结历史经验，将独立自主确定为重要方针。毛泽东同志在七大上所作的结论中指出："全党团结起来，独立自主，克服困难，这就是我们的方针。"毛泽东同志还将能否实行这一方针视为对我们党的重大考验，他说："现在对中国共产党就是一个大考验，考验我们究竟成熟了没有，有本事没有。"

在中国革命和建设的历程中，党领导人民开拓前进，演绎了一个个独立自主的精彩篇章。这里特别值得我们大书特书的一个经典实例是，解放战争党对打过长江去的战略决策。辽沈、淮海、平津三大战役发起后，解放战争的战局已显端倪。在这样一个关键时刻，是"宜将剩勇追穷寇，不可沽名学霸王"，将革命进行到底呢，还是将革命停止下来、半途而废？这成为全国人民、全世界人民共同关注的一个焦点问题。中国的战局关系和影响着世界的政局、格局和走向。美国、苏联两个大国和以美国、苏联为首的两大阵营都在进行着深度谋划和深入观察。1948 年 12 月 30 日，毛泽东同志为新华社写了题为《将革命进行到底》的新年献词，明确指出，必须"用革命的方法，坚决彻底干净全部地消灭一切反动势力"，"在全国范围内推翻国民党的反动统治，在全国范围内建立无产阶级领导的以工农联盟为主体的人民民主专政的共和国"。1949 年 1 月 14 日，毛泽东同志以中共中央主席名义发表《关于时局的声明》，指出蒋介石的"和平"建议是虚伪的，他所提出的和谈条件，不是和平的条件，而是继续战争的条件。声明表示，虽然人民解放军有足够的力量能在不很久的时间内全部消灭国民党政府的残余军事力量，但是，为了迅速结束战争，实现真正的和平，减少人民的痛苦，中国共产党愿意和南京国民党反动政府及其他任何国民党地方政府和军事集团，在 8 项条件的基础之上进行和平谈判。这个时候，斯大林委派苏共中央政治局委员米高扬到中国听取意见。1949 年 1 月 31 日，米高扬经周转到达中共中央所在地河北平山县西柏坡，与毛泽东同志等中共领导人先后见面。米高扬表示："我们是受斯大林同志委托，来听取毛泽东同志意见的，回去向斯大林同志汇报。"毛泽东同志在会谈中指出，到目前为止，中国革命发展较为迅速，军事进展也较快，比过去我们预计的时间要短些，就能过长江，并向南推进。估计渡过长江后，用不了多少时间，就可以攻克南京、上海等大城市。他向米高扬介绍了中国国内的军事、政治形势和夺取全国胜利及筹建新中国等情况。2 月 7 日，米高扬离开西柏坡回国。苏共中央和斯大林听取了米高扬的汇报后认为，如果中国的内战继续打下去，中华民族有毁灭的危险。这时的中国共产党已经不是幼年的那个党了，中国共产党经过土地革命战争、抗日战争的战火洗礼，已经发展壮大，已经成熟，已经有了丰富的斗争经验。毛泽东同志和党中央经过周密分析、深入研究，最后果断决策，"打过长江去，解放全中国"。在南京国民党政府拒绝在《国内和平协定（最后修正案）》上签字后，人民解放军及时发起渡江战役，以摧枯拉朽之势横扫南半个中国，最终取得了解放战争的胜利。今天我们回想这个决策，它是需要多么大的胆略和气魄啊！我们党对独立自主原则运用得多么好啊！假如当年我们党听取和采纳了斯大林和苏共中央的建议，那又会是一个什么样的结果呢？

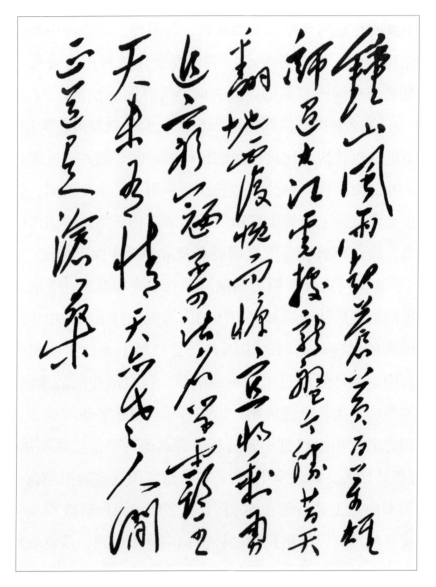

毛泽东同志手书《七律·人民解放军占领南京》。

1949 年 6 月，毛泽东同志在新政治协商会议筹备会上发表了重要讲话，继续重申了我们党的独立自主方针，并将其确定为新中国建国的重要方针。他指出："中国必须独立，中国必须解放，中国的事情必须由中国人民自己作主张，自己来处理，不容许任何帝国主义国家再有一丝一毫的干涉。"新中国成立后，在涉及国家主权、安全、发展利益的一系列重大问题上，我们党都坚持了这一方针。值得一提的又一个经典实例是，毛泽东同志拒绝了苏共中央委员会第一书记赫鲁晓夫提出的同中国建立共同潜艇舰队和在中国建设长波电台的建议。1958 年上半年，赫鲁晓夫建议在中国建一个长波电台，后来又提出要在中国修一个不冻港，建立共同潜艇舰队。毛泽东同志对此十分生气，断然予以拒绝。他认为，这严重地侵犯了中国的国家主权和领土完整，损害了中国的国家利益。他言词尖锐地说："要讲政治条件，连半个指头都不行"，"在这个问题上，我们可以一万年不要援助"；"你们可以说我是民族主义"，"如果你们这样说，我就可以说，你们把俄国的民族主义扩大到了中国的海岸"。毛泽东同志的严肃态度，使赫鲁晓夫感到事态严重，立即动身秘密来华向毛泽东同志作解释。从 7 月 31 日到 8 月 3 日，毛泽东同志和赫鲁晓夫举行了 4 次会谈，最后以赫鲁晓夫收回要求而告平息。随着中苏两党论战升级和两国关系走向紧张，苏联背信弃义，撕毁合同、撤走专家，给我国经济发展和社会建设特别是"两弹一星"的研制工作带来严重困难。国防尖端科技项目是"上马"还是"下马"，大家意见很不一致。毛泽东同志明确指示：要下决心搞尖端技术，不能放松或下马。陈毅同志说："即使当了裤子，也要把原子弹搞出来。"主管国防科技工作的张爱萍将军对科技人员说："再穷也要有一根打狗棒"。这形象地表达了毛泽东同志等老一辈革命家对发展我国国防尖端武器的坚强决心和坚定态度。在这种背景和条件下，中国人民在党的坚强领导下，不怕压、不信邪、不怕鬼，独立自主，自力更生，艰苦奋斗。毛泽东同志说："苏联把专家撤走，撕毁了合同，这对我们有好处。我们没办法，就靠自己，靠自己两只手。……离开了先生，学生就自己学。"我们依靠自己的力量战胜困难，走出困境，成功研制出了"两弹一星"，大长了中国人民的志气，极大地振奋了民族精神。改革开放后，邓小平同志在一次谈话中曾讲到这件事，谈到它的重大意义时说："如果六十年代以来中国没有原子弹、氢弹，没有发射卫星，中国就不能叫有重要影响的大国，就没有现在这样的国际地位。这些东西反映一个民族的能力，也是一个民族、一个国家兴旺发达的标志。"后来他在同几位中央负责同志谈话时谈到"第三代领导集体的当务之急"时强调："中国本来是个穷国，为什么有中美苏'大三角'的说法？就是因为中国是独立自主的国家。为什么说我们是独立自主的？就是因为我们坚持有中国特色的社会主义道路。否则，只能是看着美国人的脸色行事，看着发达国家的脸色行事，或者看着苏联人的脸色行事，那还有

1964 年 10 月 16 日，我
国第一颗原子弹爆炸成功。

1967 年 6 月 17 日，我国第一颗氢弹
爆炸成功。

"东方红一号"人造地球卫星。

什么独立性啊！"可以说，没有独立自主，就没有中国革命的胜利，就不会有中国人民的站起；就没有社会主义革命和建设的巨大成就，也就不会有中华民族在世界东方的巍然屹立。

三、坚持独立自主，坚定不移走自己的路

独立自主是毛泽东同志为我们党和国家确立的立党立国的重要原则。我们党坚持独立自主，成功走出中国新民主主义革命道路、社会主义革命道路、社会主义建设道路之后，又成功走出了中国特色社会主义道路，现在，我们正行进在中国特色社会主义新时代的新征程上。改革开放以来，毛泽东同志独立自主的探索和实践精神，得到了传承和弘扬；毛泽东同志创立的独立自主的原则和思想，得到了丰富和发展。在改革开放和社会主义现代化建设新时期，邓小平同志反复强调："我们的现代化建设，必须从中国的实际出发。无论是革命还是建设，都要注意学习和借鉴外国经验。但是，照抄照搬别国经验、别国模式，从来不能得到成功"，"中国的事情要按照中国的情况来办，要依靠中国人自己的力量来办。独立自主，自力更生，无论过去、现在和将来，都是我们的立足点。""改革开放必须从各国自己的条件出发。每个国家的基础不同，历史不同，所处的环境不同，左邻右舍不同，还有其他许多不同。""中国是这么大的国家，我们做的事是前人没有做过的。中国有自己的特点，所以我

们只能按中国的实际办事""独立自主才真正体现了马克思主义。"针对上世纪 80 年代末以美国为首的西方国家对我国实施的所谓制裁，邓小平同志深刻指出："要维护我们独立自主、不信邪、不怕鬼的形象。我们绝不能示弱。你越怕，越示弱，人家劲头就越大。并不因为你软了人家就对你好一些，反倒是你软了人家看不起你。""特别是像我们这样第三世界的发展中国家，没有民族自尊心，不珍惜自己民族的独立，国家是立不起来的。""如果中国不尊重自己，中国就站不住，国格没有了，关系太大了。"江泽民同志、胡锦涛同志也发表了许多类似的论述，强调了独立自主的重要性。

党的十八大以来，以习近平同志为核心的党中央立足中国、放眼世界、面向未来，胸怀中华民族伟大复兴的战略全局和世界百年未有之大变局，统揽伟大斗争、伟大工程、伟大事业、伟大梦想，就党和国家事业的发展作出一系列重大决策。习近平总书记就独立自主问题提出一系列新思想新观点新论断，把我们党对这一问题的认识提升到新高度。习近平总书记强调必须坚持自信自立；强调独立自主是我们党从中国实际出发、依靠党和人民力量进行革命、建设、改革的必然结论；强调独立自主是中华民族的优良传统，是中国共产党、中华人民共和国立党立国的重要原则；强调要坚持中国的事情必须由中国人民自己作主张、自己来处理；强调不论过去、现在和将来，我们都要把国家和民族发展放在自己力量的基点上，坚持民族自尊心和自信心，坚定不移走自己的路；强调独立自主的探索和实践精神，是我们党全部理论和实践的立足点，也是党和人民事业不断从胜利走向胜利的根本保证；强调要坚定不移走中国特色社会主义道路，既不走封闭僵化的老路，也不走改旗易帜的邪路；强调要坚持独立自主的和平外交政策，坚定不移走和平发展道路；强调我们要虚心学习借鉴人类社会创造的一切文明成果，但不能数典忘祖，不能照抄照搬别国的发展模式，也绝不会接受任何外国颐指气使的说教；强调要坚决维护国家主权、安全、发展利益，任何外国不要指望我们会拿自己的核心利益做交易，不要指望我们会吞下损害我国主权、安全、发展利益的苦果；强调要敢于斗争、善于斗争；等等。这些重要论述，是习近平新时代中国特色社会主义思想的重要组成部分，是习近平总书记对党的独立自主原则和思想的继承和发展、创新和升华，为我们在新时代新征程坚持独立自主，指明了方向，提供了根本遵循。

独立自主是毛泽东同志的品格和风骨，是毛泽东思想活的灵魂之一，也是我们党总结百年历史得出的"十个坚持"的经验之一。面对波谲云诡、复杂多变的国际形势，面对国内改革发展稳定的艰巨任务，面对风高浪急甚至惊涛骇浪的重大考验，我们必须以"乱云飞渡仍从容"的战略定力，以"不到长城非好汉"的进取精神，始终坚持独立自主，在发展道路上坚持独立自主，在理论创新上坚持独立自主，在经济发展上坚持独立自主，在科技自立自强上坚持独立自主，

　　中国共产党历史展览馆广场上矗立的大型雕塑之一——《攻坚》，
讴歌了中国共产党人筚路蓝缕、攻坚克难的英雄气概和敢于斗争、
敢于胜利的斗争精神。

在国防和军队建设上坚持独立自主，在外交事务上坚持独立自主，坚定不移以中国式现代化全面推进中华民族伟大复兴，坚持和发展中国特色社会主义，创造人类文明新形态，为人类和平与发展的进步事业作出新的更大贡献。这是我们对毛泽东同志的最好纪念，也是我们对毛泽东同志等老一辈革命家开创的历史伟业的最高礼敬。

学习毛泽东同志《反对自由主义》*

毛泽东同志的《反对自由主义》篇幅不长，只有1300多字，但字字珠玑，提出了许多独到见解和重要论断，蕴含着磅礴的思想伟力，始终放射着马克思主义真理光芒。当前，全党正在开展"不忘初心、牢记使命"主题教育，重温这篇文章，对于贯彻"守初心、担使命，找差距、抓落实"的总要求，同一切影响党的先进性、弱化党的纯洁性的问题作坚决斗争，努力把我们党建设得更加坚强有力，具有重大现实意义。

一、历史转变:《反对自由主义》写作的时代背景

毛泽东同志为什么要写《反对自由主义》，这篇文章是在什么时代背景下写的呢？了解写作的时代背景能够帮助我们准确理解和把握文章的主要内容和精神实质。

---

* 原载《求是》杂志 2019 年第 12 期。

1942 年 4 月 10 日,《反对自由主义》一
文在《解放日报》首次公开发表。

毛泽东同志《反对自由主义》发表于 1937 年 9 月 7 日。就在两个月前的同一天即 7 月 7 日，发生了中国现代史上一个重大历史事变——七七事变，又称卢沟桥事变。这个事变成为中共党史上土地革命战争与全民族抗日战争历史阶段划分的重要时间节点。由于日本帝国主义大举入侵，中华民族面临生死存亡的严重威胁。因此，阶级矛盾开始让位于民族矛盾，中日之间的民族矛盾上升为中国社会的主要矛盾，中国现代历史和中共党史也就进入了全民族抗战时期。社会主要矛盾决定着社会性质，也决定着一个政党、一个国家、一个民族所处的历史方位和所肩负的历史任务。七七事变发生，标志着全国抗战开始，也标志着中国共产党开始了从土地革命战争时期向全民族抗战时期的历史转变。

历史的转变，对党的领导及自身建设提出了新的要求。那么，我们党当时处在一种什么样的状况呢？从当时情况看，党既有相适应的一面，也有不相适应的一面。从相适应的一面看，党成立十几年来，经历了大革命、土地革命战争洗礼和考验，领导红军取得了长征的伟大胜利，已经从一个幼年的党逐渐成长为一个成熟的党。尤其是以遵义会议为起点，我们党开始形成以毛泽东同志为核心的党的第一代中央领导集体，并开始纠正党内"左"的错误，制定实施了正确的军事战略和方针。全国抗战一开始，1937 年 7 月 23 日，毛泽东同志就发表了《反对日本进攻的方针、办法和前途》。8 月 22 日至 25 日，中共中央召开政治局扩大会议即洛川会议，讨论通过《中共中央关于目前形势与党的任务的决定》、《中国共产党抗日救国十大纲领》等，阐明了党的全面抗战路线和党在抗战时期的基本政治主张及工作方针。这表明我们党开始掌握了领导抗日战争的主动权。

从不相适应的一面看，面对历史转变，我们党如何开创工作新局面，是一个重大挑战。在遵义会议上，尽管我们党解决了军事领导和军事战略方针问题，但政治路线和思想路线的问题既没有触及，更没有解决。因此，党内"左"的和右的错误思想，特别是王明"左"倾教条主义还有着较大影响。从党组织和党员构成看，大革命失败后，党的工作重心转移到广袤农村，党领导的武装也长期处于游击战争状态。随着党员队伍不断扩大，党员成分更加复杂，大量新党员来自农民、手工业者及其他小资产阶级。小生产者的个人主义、宗派主义、自由散漫、自私自利等思想观念和不良做派侵蚀着党的肌体，涣散着党的组织。如何适应形势任务的发展变化，巩固党的队伍，提高党员素质，加强对党员、干部的思想政治教育，把党建设成为一个全国范围的、广大群众性的、思想上政治上组织上完全巩固的马克思主义政党，任务十分繁重和艰巨。为了使我们党能够有效地领导和推进伟大的抗日战争，就必须在党内开展积极的思想斗争，用无产阶级思想战胜各种非无产阶级思想，把农民和其他小资产阶级出身的党员努力教育改造成为无产阶级先锋战士，保持党的先进性和纯洁性。

《反对自由主义》就是在这样一个时代背景下产生。当时，这篇文章是毛泽东同志应正在中国人民抗日军政大学（简称"抗大"）工作学习的胡耀邦同志的请求而写，发表在抗大内部校刊《思想战线》上。文章针对的是抗大部分学员存在的组织纪律散漫现象，但所论述的问题在全党具有普遍性。因此，文章发表后很快在党内得到广泛传播。需要指出的是，毛泽东同志在这里所使用的"自由主义"，有其特定内涵和外延，它专指我们党内出现的一种违反组织纪律的错误言行，这与西方资本主义国家所流行的"自由主义"思潮，不是一个概念和范畴。

二、加强纪律性：《反对自由主义》所要解决的主要问题

毛泽东同志在这篇文章里写了些什么内容，着重想解决什么问题呢？首先，他在文章中开宗明义、旗帜鲜明提出了马克思主义政党开展积极的思想斗争的重要性，指出："我们主张积极的思想斗争，因为它是达到党内和革命团体内的团结使之利于战斗的武器。每个共产党员和革命分子，应该拿起这个武器。"有没有这样一个武器，是马克思主义政党区别于其他政党的显著标志之一。

党内开展积极的思想斗争，就要反对自由主义。毛泽东同志认为，自由主义取消思想斗争，主张无原则的和平，结果是腐朽庸俗的作风发生，使党和革命团体的某些组织和某些个人在政治上腐化起来。自由主义在党内有哪些表现

呢？他详细列举了自由主义的 11 种表现：一是"因为是熟人、同乡、同学、知心朋友、亲爱者、老同事、老部下，明知不对，也不同他们作原则上的争论，任其下去，求得和平和亲热。或者轻描淡写地说一顿，不作彻底解决，保持一团和气。结果是有害于团体，也有害于个人"。二是"不负责任的背后批评，不是积极地向组织建议。当面不说，背后乱说；开会不说，会后乱说。心目中没有集体生活的原则，只有自由放任"。三是"事不关己，高高挂起；明知不对，少说为佳；明哲保身，但求无过"。四是"命令不服从，个人意见第一。只要组织照顾，不要组织纪律"。五是"不是为了团结，为了进步，为了把事情弄好，向不正确的意见斗争和争论，而是个人攻击，闹意气，泄私愤，图报复"。六是"听了不正确的议论也不争辩，甚至听了反革命分子的话也不报告，泰然处之，行若无事"。七是"见群众不宣传，不鼓动，不演说，不调查，不询问，不关心其痛痒，漠然置之，忘记了自己是一个共产党员，把一个共产党员混同于一个普通的老百姓"。八是"见损害群众利益的行为不愤恨，不劝告，不制止，不解释，听之任之"。九是"办事不认真，无一定计划，无一定方向，敷衍了事，得过且过，做一天和尚撞一天钟"。十是"自以为对革命有功，摆老资格，大事做不来，小事又不做，工作随便，学习松懈"。十一是"自己错了，也已经懂得，又不想改正，自己对自己采取自由主义"。他说，还可以举出一些，主要的有这 11 种。这些自由主义表现，大致分为三类：思想上的自由主义、政治上的自由主义、组织上的自由主义。毛泽东同志摆出自由主义种种表现后，指出了它的危害性，强调："革命的集体组织中的自由主义是十分有害的。它是一种腐蚀剂，使团结涣散，关系松懈，工作消极，意见分歧。它使革命队伍失掉严密的组织和纪律，政策不能贯彻到底，党的组织和党所领导的群众发生隔离。这是一种严重的恶劣倾向。"

自由主义是怎样产生的，根源在哪里，它具有什么样的性质呢？毛泽东同志指出："自由主义的来源，在于小资产阶级的自私自利性，以个人利益放在第一位，革命利益放在第二位，因此产生思想上、政治上、组织上的自由主义。""自由主义者以抽象的教条看待马克思主义的原则。他们赞成马克思主义，但是不准备实行之，或不准备完全实行之，不准备拿马克思主义代替自己的自由主义。这些人，马克思主义是有的，自由主义也是有的：说的是马克思主义，行的是自由主义；对人是马克思主义，对己是自由主义。两样货色齐备，各有各的用处。这是一部分人的思想方法。""自由主义是机会主义的一种表现，是和马克思主义根本冲突的。它是消极的东西，客观上起着援助敌人的作用，因此敌人是欢迎我们内部保存自由主义的。自由主义的性质如此，革命队伍中不应该保留它的地位。"

共产党员应该坚持什么样的原则，以什么样的标准来要求自己呢？毛泽东同志提出："我们要用马克思主义的积极精神，克服消极的自由主义。一个共产党员，应该是襟怀坦白，忠实，积极，以革命利益为第一生命，以个人利益服从革命利益；无论何时何地，坚持正确的原则，同一切不正确的思想和行为作不疲倦的斗争，用以巩固党的集体生活，巩固党和群众的联系；关心党和群众比关心个人为重，关心他人比关心自己为重。这样才算得一个共产党员。"最后，他号召："一切忠诚、坦白、积极、正直的共产党员团结起来，反对一部分人的自由主义的倾向，使他们改变到正确的方面来。这是思想战线的任务之一。"

文章列举了自由主义的种种表现，系统分析了自由主义产生的思想根源、表现形式、性质、危害及克服的途径、措施和办法，对加强党的建设具有重要指导意义。通观全篇，其中心思想就是要解决当时党内存在的自由主义问题，目的是加强党的组织纪律性。之所以提出这个任务，是由我们党的性质、宗旨以及党所承担的历史任务决定的。中国共产党是由中国无产阶级先进分子所组成的先锋队，如果没有高度的组织纪律性，就会成为一盘散沙，也将一事无成。自由主义与党的性质格格不入，与党的宗旨水火不容。在历史转变过程中，党如果不注意克服自身存在的自由主义，要想成为中国人民抗日战争的中流砥柱，要想成为中华民族和中国人民抗战的坚强政治领导核心，不仅是做不到的，也是不可能的。

三、整风学习:《反对自由主义》发挥的重要历史作用

毛泽东同志的文章发表后产生了什么作用?正像作者写作的初衷和目的那样,文章在全党的党性教育中,尤其是在延安整风运动以及后来全党的理论学习中都发挥了思想引领作用。这篇文章在党的历史上、在党的文献中,有着重要地位和影响。

1939 年 7 月,刘少奇同志在延安马列学院发表《论共产党员的修养》的演讲。演讲中讲到了党内各种错误思想意识的表现、来源和斗争态度,进一步发挥了毛泽东同志在《反对自由主义》文章中的思想和观点。1940 年陈云同志在延安曾撰写《党员对党要忠实》的文稿,将毛泽东同志在《反对自由主义》中讲到的问题,提到党员进行党性锤炼的高度进行分析。他指出:"在党员面前放着这样一个问题:你要做一个好党员,就要与自己作斗争,经常以正确的意识去克服自己的不正确的意识。这个思想上的斗争和斗争中的胜利,就是自己思想意识上的进步。自己不跟自己的错误意识作斗争,偷偷地容忍自己错误意识存在着,则错误意识就会发展,结果越错越远,终究会离开革命的队伍。共产党员必须言行一致,这是党规定的。违反了这一条,就是违犯党的纪律。"

延安整风运动是我们党 1942 年在全党范围内开展的一次马克思主义思想教育运动。整风主要内容是:反对主观主

1942年春，毛泽东同志在延安高级技术干部会议上讲话。

义以整顿学风，反对宗派主义以整顿党风，反对党八股以整顿文风。整风的方法，是认真阅读整风文件，联系个人的思想、工作、历史以及自己所在地区部门的工作进行检查，开展批评和自我批评，弄清犯错误的环境、性质和原因，逐步取得思想认识上的一致，提出努力的方向。1942 年 4 月 3 日，《中共中央宣传部关于在延安讨论中央决定及毛泽东整顿三风报告的决定》中提出了党员、干部必学的 18 个文件，将《反对自由主义》列在第 10 个。《反对自由主义》作为延安整风运动中党员、干部学习的文件之一，在整风运动中发挥了重要作用。此后，这篇文章多次被党中央列为全党中高级干部和广大党员学习马列主义、学习党的理论的必读篇目之一，在全党理论武装中发挥了重要作用。

自延安整风运动后，党中央持续抓党的组织纪律建设，全党特别是党的中高级干部遵守纪律的自觉性不断增强，其成效在实践中也得到充分显现。新中国成立后，被授予大将军衔的黄克诚同志曾写文章回忆说："抗战时期，毛主席就是用个电台，嘀嗒、嘀嗒地指挥我们。'嘀嗒、嘀嗒'就要无条件地执行。没有什么人来监督，也没有人来批评、斗争，大家都自觉地执行延安的'嘀嗒、嘀嗒'。"这是源于整风后全党对党中央的信任，对党的组织纪律的自觉遵守。周恩来同志在回顾解放战争时说："毛主席是在世界上最小的司令部里，指挥了最大的人民解放战争。"在辽沈、淮海、平津三大战役中，中国人民解放军为什么能够创造战争史上的奇观呢？其中一个重要原因也是由于全党全军对党中央的信任，对党的纪律和军事命令的自觉遵守和绝对服从。

四、警示启迪：《反对自由主义》的重大现实意义

毛泽东同志《反对自由主义》迄今已发表80多年了。80多年来，世情、国情、党情都发生了深刻变化，形势、时代、任务也与当年有了很大不同。那么，历史上的自由主义是否已经消失，党内反对自由主义的任务是否已经完成了呢？答案是否定的。由于我们党长期执政，由于我国进行改革开放和发展社会主义市场经济，由于外部环境的复杂多变，由于一个时期以来一些地方和部门党的领导弱化、党的建设缺失、全面从严治党不力，自由主义在党内曾一度泛滥，并种类繁多，花样翻新，而且与个人主义、分散主义、好人主义、宗派主义、山头主义、拜金主义、形式主义、官僚主义、享乐主义、奢靡之风等相互交织叠加，给党和人民的事业带来巨大危害、造成严重后果。党所面临的形势、面对的挑战和考验，更加复杂，更加尖锐，更加严峻。

当年，毛泽东同志写《反对自由主义》的时候，列举了自由主义的11种表现。党的十八大以来，习近平总书记在多次重要讲话中，就一个时期以来党内存在的各种违规违纪违法问题与现象，也列举了大量方方面面、形形色色的表现。

2013年8月19日，习近平总书记指出了一些党员、干

部信仰缺失的 4 种表现。他说："有的以批评和嘲讽马克思主义为'时尚'、为噱头；有的精神空虚，认为共产主义是虚无缥缈的幻想，'不问苍生问鬼神'，热衷于算命看相、求神拜佛，迷信'气功大师'；有的信念动摇，把配偶子女移民到国外、钱存在国外，给自己'留后路'，随时准备'跳船'；有的心为物役，信奉金钱至上、名利至上、享乐至上，心里没有任何敬畏，行为没有任何底线。"

2014 年 1 月 14 日，习近平总书记指出了干部队伍中自由主义的 7 种表现："有的个人主义、自由主义严重，目无组织纪律，跟组织讨价还价，不服从组织安排；有的党组织和领导干部在处理一些应该由中央和上级组织统一决定的重要问题时，事前不请示、事后不报告，搞先斩后奏、边斩边奏，甚至斩而不奏；有的变着法儿把一件完整的需要汇报的大事情分解成一件一件可以不汇报的小事项，让组织程序空转；有的领导班子既有民主不够、个人说了算问题，也有集中不够问题，班子里各自为政，把分管领域当成'私人领地'，互不买账，互不服气，内耗严重；有的只对领导个人负责而不对组织负责，把上下级关系搞成人身依附关系；有的办事不靠组织而靠熟人、靠关系，形形色色的关系网越织越密，方方面面的潜规则越用越灵；有的党组织对党员、干部疏于管理，缺乏严肃认真的组织生活；等等。"

2015 年 1 月 13 日，习近平总书记指出了一些党员、干部违反政治规矩的现象。他说："在一些干部中，乱评乱议、口无遮拦现象比较突出。如果造谣生事那是违反党纪甚至违反国法，但这些人就是在那儿调侃，传播小道消息，东家长西家短乱发议论，热衷于转发网上不良信息，甚至一些所谓'铁杆朋友'聚在一起妄议中央大政方针。有的人热衷于打探消息，四处寻问，八方打听，不该问的偏要问，不该知道的特想知道，捉到一些所谓内幕消息就到处私下传播。"

2016 年 6 月 28 日，习近平总书记就党内政治生态存在的问题，强调指出，"从组织和组织的关系看，有的党组织违背'四个服从'原则，有令不行、有禁不止，对党中央和上级的决策部署合意的就执行、不合意的就不执行；一些上级党组织对下级放弃管党治党责任，甚至发现问题也一味姑息迁就、放任自流。从个人和组织的关系看，有的党员、干部党的意识弱化、组织观念淡薄，不相信组织、不服从组织、不依靠组织，把党组织当成了来去自由的'大车店'、各取所需的'大卖场'、自行其是的'私人俱乐部'；有的领导班子成员特别是一把手不正确理解和执行民主集中制，搞家长制、一言堂或自由主义、分散主义、宗派主义，有的甚至把所在地方和分管领域当作'独立王国'、'私人领地'；有的党组织对党员、干部管理失之于宽、失之于松、失之于软。从个人和个人的关系看，有的党员、干部讲利益不讲党性、讲关系不讲原则、讲面子不讲规矩，甚至把党内同志关系异化为人身依附关系，搞小山头、小圈子、小团伙那一套，搞门客、门宦、门附那一套"。

以上这些问题和现象为什么会发生和存在、怎样去克服和解决呢？对于我们这样一个具有近百年历史的大党、革命党、执政党来说，这是一个值得深入思考的问题。毛泽东同志当年列举的自由主义种种表现，至今在党内不仅依然存在，而且有变种、有发展。从其表现形式和特点看：既有自由主义的一般表现形式，也有在不同部门、不同领域、不同方面的特殊表现形式；既有政治上的自由主义，也有思想上组织上纪律上的自由主义；既有少数党组织的集体行为，也有部分党员、干部的个人行为；既有一些中高级干部的言行，也有一些普通党员、干部的言行；既有历史上遗留下来的老问题，也有现实条件下产生的新问题。就党内各种违规违纪违法现象看，探寻其发展过程和历史轨迹，都能找到自由主义的因素和根子，都能看到自由主义的幽灵和影子。大量事实表明，自由主义是涣散人心的诱因，是破坏纪律的根源。党内所有违规违纪违法者，最初都是从犯自由主义开始的。一方面，我们一些党员、干部犯自由主义，放松对自己的要求，结果从量变到质变，从违规到违纪违法，走上了不归路。另一方面，我们一些党组织和党员、干部，对自由主义现象听之任之，熟视无睹，不批评、不制止、不斗争、不反对，放纵自由主义，致使一些人由小错逐渐演变成大错，最后走向犯罪的深渊。联系当前实际，今天，我们重温毛泽东同志的《反对自由主义》，可以从中受到警示启迪，对于我们深入学习领会习近平总书记关于全面从严治党的一系列重要论述、加强党的建设具有重大现实意义。

五、发扬斗争精神：坚决反对自由主义

对党内存在的自由主义，我们应该采取什么样的态度呢？应该采取毛泽东同志当年提倡的坚决反对的态度，将其作为全党思想战线的任务之一。这就要按照习近平总书记所要求的：增强党内政治生活的政治性、时代性、原则性、战斗性，克服党内政治生活的娱乐化、庸俗化、随意化、平淡化，发扬斗争精神，认真开展批评和自我批评，坚持不懈，持续推进全面从严治党。为什么要这样做呢？因为，正像毛泽东同志指出的那样："党内不同思想的对立和斗争是经常发生的，这是社会的阶级矛盾和新旧事物的矛盾在党内的反映。党内如果没有矛盾和解决矛盾的思想斗争，党的生命也就停止了。"物质的运动性，矛盾的对立统一性，决定了党内正确思想和错误思想会进行经常性的斗争，这是不以人们意志为转移的，是现实的客观存在。只要自由主义在党内有存在的土壤和条件，它就不会消失，也不会自动退出历史舞台。所以，反对自由主义是一项长期任务，我们必须做好打持久战的思想准备。

党的十八大以来，以习近平同志为核心的党中央抓全面从严治党，是从抓作风建设开始的；抓作风建设，又是从落实中央八项规定切入的；并且以党的政治建设为统领，以思想建设为基础，严明党的纪律，严肃党内政治生活，加大反

腐败斗争力度。这一系列管党治党的有力举措，使党内政治生态明显好转，政治气象为之一新，党的面貌发生了根本性变化。但正如习近平总书记所强调的那样：作风建设永远在路上，永远没有休止符，不可蜻蜓点水，不可虎头蛇尾。我们党要长期执政，要完成执政的历史使命，管党治党就一刻也不能放松，不能奢想一劳永逸。我们做了大量的工作，还有大量的工作要做。

自由主义是党的肌体的腐蚀剂，是党的大敌，人民的大敌，中国特色社会主义事业的大敌。大敌不除，事业难成。我们的武器是什么？就是批评和自我批评，这是党长期形成的、具有独特优势的党的三大优良作风之一。我们要通过行之有效的、高质量的民主生活会、组织生活会和"三会一课"，积极开展党内思想斗争，经常咬耳朵、扯袖子、红红脸、出出汗。这项工作做好了，做经常了，自由主义就没有市场，也就无处藏身。习近平总书记指出："批评和自我批评是清除党内政治灰尘和政治微生物的有力武器"，"我们不能因为社会环境发生了变化就把我们防身治病的武器给丢掉了，把党的优良作风给丢掉了"。我们开展党内思想斗争的基本遵循是什么？就是党章和《关于新形势下党内政治生活的若干准则》等一系列党内法规。严肃认真的党内政治生活是我们党坚持党的性质和宗旨、保持先进性和纯洁性的重要法宝，是解决党内矛盾和问题的"金钥匙"，是广大党员、干部锤炼党性的"大熔炉"，是纯洁党风的"净化器"。我们

2014 年，武警嘉兴支队组织党员来到南湖红船边重温入党誓词。

要坚持以习近平新时代中国特色社会主义思想为指导，以政治建设为统领，全面推进党的各项建设。当前，反对自由主义，最大最重要最根本的要求，就是要增强"四个意识"，坚定"四个自信"，做到"两个维护"。我们要做政治上的明白人、老实人，做一名名副其实的共产党员，为决胜全面建成小康社会、实现中华民族伟大复兴的中国梦贡献应有的力量。

向毛泽东同志学习
"当好学生　当好先生　当好领导者"*

　　1938 年 8 月 22 日，为了适应抗日战争的形势发展，满足迅速培养大批具有较高素质领导干部的需要，毛泽东同志在中共中央党校作了《当学生，当先生，当战争领导者》的演讲。这个演讲的内容除在《毛泽东年谱（1893—1949）》中有所披露外，在 2013 年第 6 期《党的文献》首次公开全文发表。演讲虽然已经过去 75 年了，但是，今天读来依然亲切，我们仍然能够从中感受到对现实所具有的启发和指导作用。

　　毛泽东同志在这次演讲中主要讲了三个问题，即当学生、当先生、当战争领导者的问题。对当学生的问题他指出："学生要当一百年"，要"活到老，学到老"。学校的学习是开了张门，"学了一个方法"。毕业后要"大规模地学"

---

* 原载《学习时报》2014 年 1 月 27 日，原标题为《当好学生　当好先生
　当好领导者》。

"大学特学"。"大党校者地球也","那里面的东西多得很,天文地理等等之类,学之不尽,取之不竭"。要在"实际斗争中"学,"在工作中"学。要"向工人学,向农民学,向知识分子学"。"还要向资本家学","向土豪劣绅学","向日本帝国主义学",研究资本家如何剥削,研究土豪劣绅为什么能富、为什么能讨小老婆,研究日本帝国主义为什么有强大的飞机大炮以及它的战略战术、政治情况等。学习要学而不厌,要永不满足,要"老老实实当学生","随时随地当学生"。

对当先生的问题他强调:"当学生同时当先生。"这是"每一个共产党员和革命分子"的责任。无论做什么工作,"你所知道的就当先生,不知道的就当学生"。不知道时当学生,知道以后当先生。先到"老百姓处"当学生,再回老百姓中当先生。要"有当先生的精神",但不能有当先生的"架子"。要"恭恭敬敬","客客气气","循循善诱","诲人不倦"。要敢于当先生,善于当先生,"要说到舌子烂,喉子干","要肯讲肯说,多讲多说,不倦地讲,不倦地说"。

对当战争领导者的问题他强调指出:"共产党是抗日战争的领导者,如果共产党员不懂得战争的道理,不懂如何指挥,就当不成战争的领导者。"在半殖民地半封建的中国,"战争是中国革命的主要形式","在中国今天干革命,离开了战争就不行"。"因此不论做哪一项工作,都要管战争,要和战争配合"。一切要围绕战争,一切要为了战争的胜利。

毛泽东同志在演讲中不仅系统回答了当学生、当先生、

　　1952年3月，毛泽东同志在北京近郊德胜门外和农民交谈，了解情况。

当战争领导者中"为什么当、怎样当"的问题，而且还深刻阐述了三个问题之间的相互辩证关系。当学生，是当先生、当战争领导者的基础，只有当好了学生，才能当好先生、当好战争领导者。当战争领导者、当先生是当学生的归宿和目的，是对当学生的提升和应用，只有当好了战争领导者、当好了先生，才能检验当学生时的好坏和学习时的成效。当学生就是学习，当先生就是宣传和教育，当战争领导者就是通过领导战争的革命形式取得国家的独立和自由，三者辩证统一，紧密相联。

今天，我们面临的国内外形势和肩负的历史任务已与75年前大不相同了。中国共产党自诞生以来肩负起了争取民族独立、人民解放和实现国家富强、人民幸福两大历史任务。随着新民主主义革命的胜利和新中国的建立，第一大历史任务已经完成，而第二大历史任务随即又提上日程，目前我们正在奋斗之中。形势变化了，任务变化了。但是，"变中有不变"，从矛盾的普遍性上讲，对我们的党员和干部队伍来说，当学生的问题、当先生的问题、当领导者的问题依然存在。然而，"不变中有变"，从矛盾的特殊性上讲，对我们的党员和干部队伍来说，如何在改革开放和社会主义现代化建设新的历史条件下，当好学生、当好先生、当好领导者？这一系列的问题又很现实、很紧迫地摆在了我们面前，需要我们有针对性地作出回答。

从当前党员和干部队伍总体状况看，大多数人做得是好的和比较好的。但是，也有一些人做得不好甚至很不好。其突出的表现就是在作风上存在着形式主义、官僚主义、享乐主义和奢靡之风的问题。对于学习，有的人不想学、不愿意学、不会学，甚至是不学。对于宣传教育，有的人不想做、不会做、不敢做，甚至是不做。对于历史任务和奋斗目标，有的人是只顾个人不顾集体，只顾局部不顾全局，只看眼前不看长远，只看枝节不看根本，甚至是忘记了未来的远大理想。针对党员和干部队伍中存在的问题，重温毛泽东同志的演讲，学习贯彻党的十八大精神，学习贯彻习近平总书记系列重要讲话精神，在党员和干部队伍中提倡当好学生、当好先生、当好领导者的问题，就显得十分必要。

当好学生，就要爱好学习，勤于学习，善于学习，不断学习，终生学习，把学习当成一种生活态度、一种工作责任、一种精神追求。努力学习马克思主义哲学，掌握好我们的看家本领。努力学习中国特色社会主义理论体系，坚定我们的道路自信、理论自信、制度自信。努力修好党史、国史这门必修课，从历史中汲取智慧和力量。努力钻研改革开放和现代化建设所需要的经济、政治、文化、科技、法律、军事、外交等各方面的知识，增长我们的才干。要向古今中外的优秀传统文化经典学，涵养学识，提高素质。不仅向书本学，而且向实践学，向社会学，向人民群众学。

当好先生，就要善于做宣传教育工作和思想政治工作，抓住各种机会，利用各种载体，应用各种形式，采取各种手

　　2022年11月，在学习贯彻习近平新时代中国特色社会主义思想主题教育启动之际，湖南省花垣县十八洞村开展"院坝小讲堂"活动。

段，大力宣传党的路线、方针和政策。在互联网和手机等新媒体出现的时代，宣传教育领域出现了许多新情况、新问题，要搞好全党、全社会的宣传教育工作，传统媒体要占领，高科技新媒体更要占领。平时的宣传要做好，关键时候、重要领域、重大问题的宣传更要做好。要及时发声，及时表态，做好思想的主导和舆论的引导。面对社会群体及其思想的多元、多样、多变，宣传教育要通天线、接地气，说群众的话，说群众愿意听的话，说群众听得懂的话，说群众需要的话。将宣传教育说得上去，说得进去，说得下去。宣传教育工作不仅党的宣传思想工作者要做，党的其他行政工作人员也要做。不仅党员要做，党的领导干部更要做。由一而十，十而百，百而千，千而万，点点滴滴，潜移默化，聚沙成塔，积跬步以至千里，积小流以成江海，统一和凝聚起8500多万党员的意志，团结和聚集起13亿全国人民的力量。

当好领导者，就要敢于担当，勇于负责，一切在大局下思考，一切在大局下行动。要有战略头脑，全局眼光，前瞻意识，底线思维。我们共产党人的最终奋斗目标是"天下大同"，实现共产主义。我们中国共产党人现阶段的共同理想和主要任务就是建设中国特色社会主义，在建党100年和新中国成立100年时，全面建成小康社会，基本实现现代化，实现中华民族伟大复兴的中国梦。我们的领导者无论从事任何工作，都要脚踏实地，胸怀理想，服从和服务于党和国家的中心和大局，为早日实现总目标、总任务而努力奋斗。

毛泽东同志与五次反对官僚主义的斗争^{*}

"党的作风就是党的形象，关系人心向背，关系党的生死存亡。"新中国成立初期，从 1950 年至 1955 年，我们党连续开展了五次反对官僚主义的斗争。这是为什么？回溯这段历史，总结其经验，对我们今天认真学习贯彻习近平总书记关于反对形式主义、官僚主义的重要论述，坚持不懈地加强党的作风建设，全面从严治党，具有重要现实意义。

一、历史背景：新中国成立初期党为什么要突出地提出反对官僚主义的问题

我们党是在国家内忧外患、民族危难之时诞生的。党一成立就肩负起了争取民族独立、人民解放和实现国家富强、人民幸福两大历史任务。第一大历史任务，随着新中国的成立而宣告完成。为完成这个任务，党带领人民奋斗了 28 年。

* 原载《党的文献》2021 年第 3 期，原标题为《百年党史上开展作风建设的一个典范——新中国成立初期党领导开展的五次反对官僚主义的斗争》。

28 年里正像毛泽东同志所说的那样："我们党尝尽了艰难困苦，轰轰烈烈，英勇奋斗。从古以来，中国没有一个集团，像共产党一样，不惜牺牲一切，牺牲多少人，干这样的大事。"新中国成立了，江山打下了，政权得到了，那么，党应该怎么为人民守好江山、掌好权力呢？这个问题很现实地摆在了中国共产党人的面前。

我们党是中国工人阶级的先锋队，同时是中国人民和中华民族的先锋队。党的根本宗旨是全心全意为人民服务。要保持党的性质宗旨不变，必须坚决清除一切弱化党的先进性、损害党的纯洁性的因素，坚决防范一切动摇党的执政根基的危险。官僚主义是封建残余和剥削阶级思想意识在党员领导干部作风上的反映，是党的肌体上的毒瘤，是党和人民事业的大敌。新中国的成立，标志着中国共产党开始在全国范围内执政。在这种情况下，党保持清醒头脑，反对官僚主义，避免脱离人民群众，就成为历史的必然。这也正是我们党作为一个成熟的马克思主义政党的重要表现。如何更进一步地深刻认识这一问题呢？

首先，我们从毛泽东同黄炎培著名的"窑洞对"来认识。1945 年 7 月 1 日至 5 日，黄炎培等六位国民参政员由重庆到延安进行考察。毛泽东与黄炎培等进行了多次交谈。有一次毛泽东问黄炎培的感想怎么样？黄炎培说：我生六十多年，耳闻的不说，所亲眼看到的，真所谓"其兴也浡焉"，"其亡也忽焉"，一人，一家，一团体，一地方，乃至一国，不少不少单位都没有能跳出这周期率的支配力。一部历史，"政怠宦成"的也有，"人亡政息"的也有，"求荣取辱"的也有，总之没有能跳出这周期率。中共诸君从过去到现在，我略略了解的了，就是希望找出一条新路，来跳出这周期率的支配。毛泽东同志说：我们已经找到新路，我们能跳出这周期率。这条新路，就是民主。只有让人民来监督政府，政府才不敢松懈。只有人人起来负责，才不会人亡政息。这是我们党的历史上一段著名的对话。毛泽东同志的话，回答了中国共产党人取得政权后，要跳出历史周期率的途径和办法。

其次，我们从毛泽东同志在党的七届二中全会上提出的"两个务必"重要论断来认识。1949 年 3 月 5 日至 13 日，在新民主主义革命即将取得全国胜利的前夕，党在河北省平山县西柏坡召开了七届二中全会。这次全会着重讨论了党的工作重心的战略转移，即工作重心由乡村转移到城市的问题。毛泽东同志在会上作了报告。针对党所处的历史方位发生的根本性变化，他强调指出："我们很快就要在全国胜利了。""夺取这个胜利，已经是不要很久的时间和不要花费很大的气力了；巩固这个胜利，则是需要很久的时间和要花费很大的气力的事情。""因为胜利，党内的骄傲情绪，以功臣自居的情绪，停顿起来不求进步的情绪，贪图享乐不愿再过艰苦生活的情绪，可能生长。""中国的革命是伟大的，但革命以后的路程更长，工作更伟大，更艰苦。这一点现在就必须向党内讲明白，务必使同志们继续地保持谦虚、谨慎、不骄、不躁的作风，务必使同志们继续地保持艰苦奋斗的作风。我们有批评和自我批评这个马克思列宁主义的武器。我们能够去掉不良作风，保持优良作风。我们能够学会我们原来不懂的东西。我们不但善于破坏一个旧世界，我们还将善于建设一个新世界。"毛泽东同志的报告深刻表达了中国共产党人要建设一个新中国，要为中国人民执好政的坚定决心和意志。

第三，我们从毛泽东和周恩来从西柏坡到北平的"进京赶考"的经典对话来认识。党的七届二中全会后，党中央由西柏坡迁往北平。1949 年 3 月 23 日，毛泽东和周恩来乘车出发时有一段对话。毛泽东对周恩来说，今天是进京的日子，进京赶考去。周恩来笑着回答说，我们应当都能考试及格，不要退回来。毛泽东说，退回来就失败了。我们决不当李自成，我们都希望考个好成绩。毛泽东同志和周恩来同志的对话，表现了中国共产党人准备迎接执政"大考"的清醒和良好精神状态。

以上三件事是中国共产党不同于其他任何政党的三个生动故事。故事虽小，但以小见大，从中可以窥见和了解新中国成立初期我们党提出反对官僚主义的历史大背景。

二、历史过程：新中国成立初期党领导开展的
五次反对官僚主义的斗争

新中国刚刚成立，党就发动和开展了反对官僚主义的斗争。从 1950 年至 1955 年，短短的六年时间进行了五次。

第一次：在整风中进行的反对官僚主义斗争。1950 年 5 月 1 日，新中国刚成立半年多时间，党中央就发出了《关于在全党全军开展整风运动的指示》，要求在全党全军进行一次整风运动，严格地进行全党整风尤其是干部整风。6 月，党的七届三中全会对这项工作作出部署。这次整风，从 1950 年下半年开始，经分批整训，年底结束。主要任务是提高干部和一般党员的思想水平和政治水平，克服工作中所犯的错误，克服以功臣自居的骄傲自满情绪，克服官僚主义和命令主义，改善党和人民群众的关系。整风的重点对象是各级领导机关和干部。这次整风为在广大新区进行土地改革作了组织上和干部上的准备。

第二次：在整党中进行的反对官僚主义斗争。1950 年的整风时间较短，只是初步解决了党员干部工作作风方面的问题，还没有来得及解决党内思想不纯和组织不纯等问题。随着政治形势和财政经济状况的基本好转，1951 年 2 月，《中共中央政治局扩大会议决议要点》提出，以三年时间进行一次整党的任务。整党工作从 1951 年下半年开始有步骤地展开。1952 年"三反"运动全面开展后，党中央先后于 2 月、

20 世纪 50 年代，毛泽东同志的题词。

5月发出两个指示，要求把"三反"运动同整党结合起来进行，在"三反"运动的基础上进行整党建党工作。经过这次整党，党在组织成分和党员素质方面有了明显改善和提高。

第三次：在反对贪污、反对浪费中进行的反对官僚主义斗争。1951年12月1日，党中央作出《关于实行精兵简政、增产节约、反对贪污、反对浪费和反对官僚主义的决定》。《决定》指出，进城两年来，严重的贪污案不断发生，证明党的七届二中全会所提出的防止和克服资产阶级思想腐蚀的正确性。现在是切实执行这一方针的时候了，否则就会犯大错误。我们党为什么要作出这个《决定》呢？1951年10月23日，毛泽东同志在全国政协一届三次会议上提出，为了继续坚持抗美援朝这个必要的正义斗争，我们需要增加生产，厉行节约。会议向全国发出了开展增产节约运动的号召。在运动开展过程中，暴露出各级党政机关内部存在着许多惊人的贪污、浪费现象和官僚主义问题。11月1日，东北局向中央报告开展增产节约运动的情况，列举了沈阳市部分单位揭发出的问题。报告讲到，有的人奉行"厚俸才能养廉，薪水这样低不能不贪污""从公家那里捞一把是可以的，只要查不出来就行""不会贪污，不会捞一把是傻瓜"等错误思想，大肆贪污。仅工商局各专业公司等单位就查出有贪污行为者3629人。揭发出来的浪费现象也很严重。比如，东北造币厂因印刷不合格造成极大浪费，东北银行金银管理处把30两黄金丢在化金炉中不知道，军区油料部仓库漏油 40 多吨，后勤军需部物资保管失当损失巨大。而这些现象的发生都与严重的官僚主义有关。11 月 29 日，华北局向党中央报告了河北省揭发出刘青山、张子善二人在任中共天津地委书记、天津行署专员期间堕落成大贪污犯的严重情况。各中央局报告的情况，引起了党中央和毛泽东同志的高度重视。党中央就是在这样一种情况下决定开展"三反"运动的。"三反"运动从 1952 年 1 月开始，到 1952 年 10 月底结束。运动的开展，遏制了贪污现象，制止了浪费现象，对国家机关中的官僚主义也给予了有力打击。

第四次：在反对命令主义、反对违法乱纪中进行的反对官僚主义斗争。1953 年 1 月 5 日，党中央发出《关于反对官僚主义、反对命令主义、反对违法乱纪的指示》，要求各级党委结合整党建党及其他工作，从处理人民来信入手，认真开展一次反对官僚主义、反对命令主义、反对违法乱纪的斗争。紧接着，党中央于 1 月 24 日作出《转发天津市委关于反官僚主义斗争总结报告和华北局相关文件的批示》；于 2 月 3 日作出《关于贯彻反对官僚主义、反对命令主义、反对违法乱纪的指示给华东局的批复》；于 3 月 3 日作出《批转习仲勋关于文委党组布置反官僚主义斗争的报告》；于 3 月 4 日作出《关于反官僚主义、反命令主义、反违法乱纪斗争中有关问题的指示》；于 3 月 28 日作出《关于在中央一级机关中具体执行〈中共中央关于反对官僚主义、反对命令主义、反对违法乱纪的指示〉的决定》；于 5 月 9 日作出《批

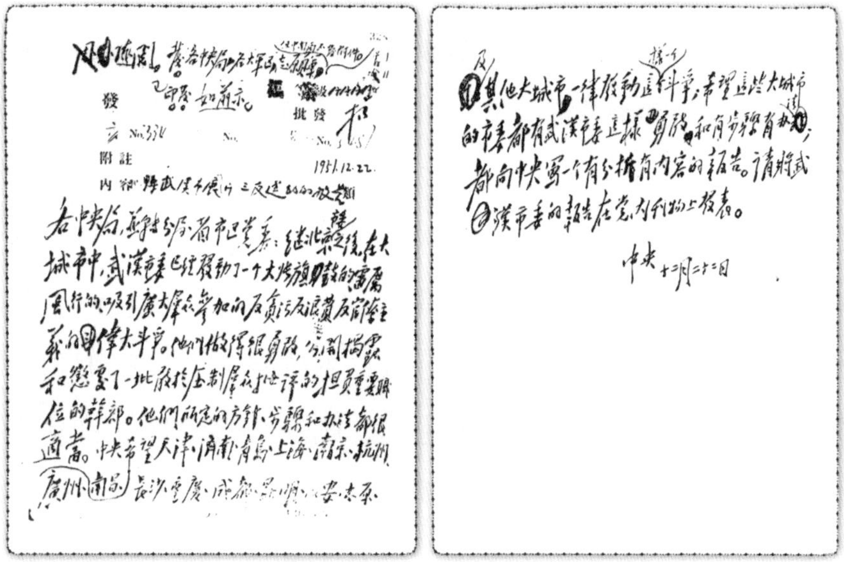

1951年12月22日，毛泽东同志为中共中央起草的有关开展“三反”运动的电报手迹。

转人事部党组关于检查官僚主义的报告》等。为什么在"三反"运动结束才两个多月时间后，党中央又要继续部署开展反对官僚主义的斗争呢？中央认为："我党在'三反'中基本上解决了中央、大行政区、省市和专区四级许多工作人员中的贪污和浪费两个问题，也基本上解决了许多领导者和被领导的机关人员相脱离的这一部分官僚主义的问题；但对于不了解人民群众的痛苦，不了解离开自己工作机关稍为远一点的下情，不了解县、区、乡三级干部中存在着许多命令主义和违法乱纪的坏人坏事，或者虽然对于这些坏人坏事有一些了解，但是熟视无睹，不引起义愤，不感觉问题的严重，因而不采取积极办法去支持好人，惩治坏人，发扬好事，消灭坏事，这样一方面的官僚主义，则在许多地区、许多方面和许多部门，还是基本上没有解决。"这次斗争当时被称之为新"三反"斗争。这次斗争没有采取"三反"运动暴风骤雨式的方法步骤进行，而是紧密结合当时的各种工作和学习，有领导、有计划、有重点、有步骤地进行。中央一级机关和各地区的做法也有所不同。中央一级机关以反对官僚主义斗争为重点，但同时也不放松对某些命令主义与违法乱纪现象的斗争。开展的主要方法是检查工作，同时开展批评与自我批评。检查工作以自上而下与自下而上相结合，把检查工作与当前正在进行的工作联系起来，一面检查，一面建设，并注意区分不同性质的问题。各地则根据自己的不同情况，拟出具体计划和办法，将执行情况随时报告党中央。这次新"三反"反对官僚主义的斗争，在"三反"运动成效的基础上，又取得新进展，也是对"三反"运动反对官僚主义斗争成果的一个巩固。

第五次：在整编中进行的反对官僚主义斗争。1955 年 4 月 2 日，党中央批转了上海市政府机关党委关于市府几个单位组织机构中的官僚主义情况的报告及上海局、上海市委的批语。中央的批语指出："类似上海市府几个单位中的机构臃肿，人浮于事，严重浪费人力、物力、财力，滋长官僚主义的现象，是目前全国各级组织中（包括中央各部门在内）普遍存在的问题，必须引起各级党委、中央各部委党组的重视。克服这种浪费现象，节约人力、财力、物力，合理地使用到需要的方面去，并克服领导机关的官僚主义和文牍主义，改进机关工作，这是当前国家在大规模经济建设中一项极为重要的措施。"中央要求，各地区、各部门，仿照上海的做法，结合日常工作，对自己所领导的组织机构有领导有计划地进行一次检查，彻底清查和揭发行政机关及各工厂、企业编制中的不合理现象和各种官僚主义，提高认识，以便进一步合理地调整编制，精简机构，改进领导作风。中央各部委党组和各地区党委在接到党中央的这个指示后，都普遍进行了一次在整顿编制工作中的反对官僚主义斗争。这是继前四次之后，在全党范围内开展的又一次反对官僚主义的斗争。

在新中国成立初期的六年时间里，毛泽东同志领导我们党连续发起和开展了五次反对官僚主义的斗争，这在党的历史上是极为罕见的。研究这段历史，我们可以看到，正是大力进行的反对官僚主义斗争，才确保我们党密切联系了群众，才使我们党成功领导了新中国成立初期国家的各项事业，顺利进行了政权建设、土地改革、镇压反革命、"三反""五反"运动，为抗美援朝的胜利、国民经济的恢复、第一个五年计划的实施，为新民主主义向社会主义的过渡和转变，提供了坚强的组织和政治保障。

三、历史启示：新中国成立初期党领导开展 反对官僚主义斗争的历史经验

历史是最好的教科书。由于国际国内、党内党外、体制机制等各方面原因，官僚主义今天仍然是党内不良作风的一个顽瘴痼疾。要把反对官僚主义的斗争进行到底，我们就必须以习近平新时代中国特色社会主义思想为指导，思考研究现实问题，同时应借鉴历史经验，特别是我们党的历史上领导开展反对官僚主义斗争的历史经验，从中汲取智慧和力量。那么，新中国成立初期党领导开展反对官僚主义斗争的这段历史能给我们提供哪些有益的历史经验呢？

经验一：坚定斗争决心，充分认识反对官僚主义的极端重要性。我们党高度重视反对官僚主义的斗争，很早就认识到了官僚主义对党的事业的危害性。1933年8月，毛泽东同志在《必须注意经济工作》中指出："动员群众的方式，不应该是官僚主义的。官僚主义的领导方式，是任何

革命工作所不应有的，经济建设工作同样来不得官僚主义。要把官僚主义方式这个极坏的家伙抛到粪缸里去，因为没有一个同志喜欢它。"1951年12月，新中国成立初期，毛泽东同志在审阅党中央开展"三反"运动决定稿时指出："自从我们占领城市两年至三年以来，严重的贪污案件不断发生，证明一九四九年春季党的二中全会严重地指出资产阶级对党的侵蚀的必然性和为防止及克服此种巨大危险的必要性，是完全正确的，现在是全党动员切实执行这项决议的紧要时机了。再不切实执行这项决议，我们就会犯大错误。"他还强调：官僚主义作风，"是贪污和浪费现象所以存在和发展的根本原因。中央要求党的各级领导机关在此次精兵简政的工作中，在展开全国规模的爱国增产节约运动中，在进行反对贪污和反对浪费的斗争中，同时展开一个反对官僚主义的斗争"。1952年5月9日，他在讲到"三反""五反"运动的必要性时强调，如果我们不进行这一正义的斗争，我们将会失败。我们党在开展新"三反"斗争中，也深刻认识到官僚主义作风是滋长干部强迫命令、违法乱纪的温床。反对官僚主义是纠正干部强迫命令、违法乱纪的关键。历史事实表明，新中国成立初期，面对全党工作重心的转移，面对党在全国执政后带来的风险，必须把反对官僚主义斗争放到"成败与否"的高度去认识。我们党正是这样做了，才经受住了考验。党的十八大之后，习近平总书记深刻洞察党的建设方面存在的突出问题，指出："面对世情、国情、党情的深刻变化，精神懈怠危险、能力不足危险、脱离群众危险、消极腐败危险更加尖锐地摆在全党面前，党内脱离群众的现象大量存在，一些问题还相当严重，集中表现在形式主义、官僚主义、享乐主义和奢靡之风这'四风'上。"他特别指出："形式主义、官僚主义害死人！"它们"是阻碍党的路线方针政策和党中央重大决策部署贯彻落实的大敌"。"工作作风上的问题绝对不是小事，如果不坚决纠正不良风气，任其发展下去，就会像一座无形的墙把我们党和人民群众隔开，我们党就会失去根基、失去血脉、失去力量。"正是从作风建设特别是从整治"四风"入手，以小博大，党风才得以根本好转，党的建设才得到极大加强。

经验二：做好长期斗争的思想准备，坚持不懈地反对官僚主义。新中国成立初期，我们党之所以连续开展反对官僚主义斗争，是因为党在实践中逐渐认识到反对官僚主义绝不是一朝一夕的事，也不是一蹴而就、一劳永逸的事。党在新中国成立初期发动的"三反"运动声势浩大，时间长达近一年。但是，在运动结束后不久，毛泽东同志和党中央就发现，中央、大行政区、省市、专区机关和党的领导干部，对县、区、乡三级干部中发生的危害群众利益的问题，仍然存在着不了解、不掌握或听之任之、熟视无睹的严重官僚主义问题。于是党中央在1953年1月5日，向全党发出了新"三反"的指示。指示指出，官僚主义在许多地区、许多方面和许多部门，还基本上没有解决。"即如处理人民来信一事，据报山东省政府就积压了七万多件没有处理，省以下各级党政组织积压了多少人民来信，则我们还不知道，可以想象是不少的。这些人民来信大都是有问题要求我们给他们解决的，其中许多是控告干部无法无天的罪行而应当迅速处理的。山东如此，各省市的情况，究竟如何，我们没有接到像山东分局这样集中反映的报告，但已有不少的材料可以判断，有很多地方是和山东的情况相似的。"指示强调："官僚主义和命令主义在我们的党和政府，不但在目前是一个大问题，就是在一个很长的时期内还将是一个大问题。"1953 年2 月 3 日，党中央在给华东局的批复中明确指出："反对官僚主义是一个长期的、经常的斗争，不能像'三反'一样，采取短期的突击。"这是我们党在进行反对官僚主义斗争实践中得出的一个重要结论。历史事实证明，这个结论是完全正确的。党的十八大之后，党中央全面从严治党，坚持重在持久，常抓不懈。习近平总书记指出："作风建设永远在路上，永远没有休止符，不可蜻蜓点水，不可虎头蛇尾，不可只是一阵风，否则不仅不可能从根本上解决问题，而且会导致作风问题不断反弹、愈演愈烈，最后失信于民。"反对官僚主义斗争，必须保持定力，持之以恒，久久为功。

经验三：结合不同时期的中心工作，增强反对官僚主义的针对性实效性。新中国成立初期党领导开展的五次反对官僚主义斗争，都是紧密结合当时党的中心工作进行的。整风和整党中进行的反对官僚主义，是为了适应形势的变化和重心任务的转移，对党员和干部提出新的要求。"三反"运动的开展，直接原因是为了保障全国进行的爱国增产运动。党中央在 1951 年 12 月 1 日作出的开展"三反"运动的决定指出，为了支持抗美援朝战争，为了进行国内各项建设，特别是为了建设能够带动农业、轻工业向前发展的重工业和国防工业，需要很多资金，而我们国家"资金的来源只有增产节约一条康庄大道"。开展"三反"运动，就是为了增产节约，促进国家的经济建设。1953 年 1 月，党中央部署开展新"三反"斗争时，在所作的多次指示批示中，都不断强调这项斗争要结合整党建党、全国普选以及其他各项工作一道进行。1953 年 2 月 13 日，毛泽东同志在起草的中央军委给陈毅并华东军区党委的批语中，同意陈毅同志提出的"脱离中心工作任务去孤立地空反官僚主义，达不到深入实际的目的"的意见。1955 年开展的反对官僚主义斗争也是结合当时的整编和精简工作进行的。党的十八大之后，我们党全面从严治党，是从落实"八项规定"切入、从纠正"四风"开始的。但目的是为了密切党同人民群众的血肉联系，保持党的先进性和纯洁性，使我们党成为中国特色社会主义事业的坚强领导核心。保持优良作风，是我们党和国家各项事业不断取得胜利的重要保证。

经验四：探索完善治本之策，在建构反对官僚主义制度体系上下功夫。新中国成立初期开展的五次反对官僚主义斗争，党都强调走群众路线，进行思想教育，注意掌握政策、

　　庆祝中华人民共和国成立70周年大会群众游行队伍中的"从严治党"方阵。

区分不同性质矛盾，坚持民主集中制，大兴调查研究之风，开展批评和自我批评，建立检查制度，主要领导亲自动手，建立请示报告制度，正面典型示范，反面典型通报曝光，精简办事机构，建立逐级责任制等问题。这些做法都是我们党在实践中不断探索总结出来的行之有效的做法。党的十八大之后，我们党既继承和坚持党的历史上的成功经验，又不断总结和探索实践中的新鲜经验。历史表明，反对官僚主义，制度建设至关重要。习近平总书记指出："解决'四风'问题，要标本兼治，既治标又治本。治标，就是要着力针对面上'四风'问题的各种表现，该纠正的纠正，该禁止的禁止。治本，就是要查找产生问题的深层次原因，从理想信念、工作程序、体制机制等方面下功夫抑制不正之风。""要从体制机制层面进一步破题，为作风建设形成长效化保障。"

学习毛泽东同志的民族观 *

    毛泽东同志的民族观是毛泽东思想的重要组成部分。当今世界形势错综复杂，一些地区民族矛盾上升，民族冲突加剧，民族纷争不已，境外民族分裂主义势力也加紧进行分裂渗透活动。在这种背景下，如何进一步加强我国各族人民的大团结，发展各民族友好相处、相互支持、共同致力于经济建设的大好局面，在改革开放和现代化建设的事业中高度重视民族问题，进一步做好民族工作，毛泽东同志关于民族问题的基本理论和基本观点对现实有着重要的意义。

    什么是毛泽东同志的民族观？它包括哪些基本内容？通观毛泽东同志的光辉著作，专门阐述民族问题和民族工作的虽不多见，但是，散见于他的各种文章、讲话、指示、批示中的论述却十分丰富。这些论述以马克思主义关于民族问题的基本原理为指导，立足于中国这个统一的多民族国家的事

* 本文为诸雨民与曲青山合著，原载《青海社会科学》1993 年第 6 期，原标题为《毛泽东的民族观》。

实，对解决中国民族问题进行了深入的思考和探索。在这种思考和探索中形成的一系列基本理论和基本观点，较为成功地解决了我国的民族问题，发展了马列主义关于民族问题的理论，极大地丰富了马克思主义关于民族问题的思想宝库。

毛泽东同志关于民族问题的基本理论和基本观点，概括起来讲，主要有两大部分内容。

首先，毛泽东同志民族观的第一部分内容，就是如何正确认识特定时间和条件下一国一地的民族问题，它具有何种性质，在世界和整个国家中处于怎样的地位，起什么样的作用。这是毛泽东同志认识和解决民族问题的基本出发点。毛泽东同志在论述我国民主革命时期的民族问题也好，还是论述社会主义建设时期的民族问题也好，都将其放在世界发展大势和中国革命与建设的总问题中，寻找其坐标方位，分析其所具有的性质，看其所处的地位和所起的作用。在新民主主义革命时期，毛泽东同志是从世界发展的总趋势和政治经济形势的发展变化来研究中国民族问题的。毛泽东同志认为，以第一次世界大战和俄国十月革命为标志，资产阶级世界革命宣告终结，无产阶级世界革命宣告开始。"在这种时代，任何殖民地半殖民地国家，如果发生了反对帝国主义，即反对国际资产阶级、反对国际资本主义的革命，它就不再是属于旧的世界资产阶级民主主义革命的范畴，而属于新的范畴了；它就不再是旧的资产阶级和资本主义的世界革命的一部分，而是新的世界革命的一部分，即无产阶级社会主义世界革命的一部分了。"也就是说，从这个时候起，殖民地半殖民地国家的民族民主革命已经属于无产阶级世界革命的一部分了。同时，他还指出我国各少数民族的解放斗争，也"是我全中国人民民主革命运动的一部分"。只有在中国共产党的统一领导下，国内各民族人民团结起来共同斗争，中国革命才能取得胜利，国内各民族才能得到解放。正是把中国革命放到了世界革命这个大坐标系中，我们才找到了中国革命的历史坐标点。正是把我国各少数民族的解放斗争放到了中国民主革命的坐标系中，我们也才找到了我国少数民族争取解放的历史坐标点。在此基础上，毛泽东同志又正确分析了中国当时社会的主要矛盾，并确定了革命的目标、对象、动力和任务，制定了民主革命的战略和策略，把中国的民族问题放在推翻三座大山，建立新的社会制度的革命斗争中加以解决。这就使我国各族人民团结在中国共产党的周围，在党的领导下，浴血奋战、百折不挠，从而使我们取得了新民主主义革命的伟大胜利，我国各族人民在政治上翻身得解放。那么，随着新民主主义革命的胜利，无产阶级上升为统治阶级，各族人民成为新社会的主人，社会主义改造完成，我们进入了社会主义社会。这个时候，民族问题在革命和建设总问题中所处的方位是不是发生变化了呢？毛泽东同志认为，没有发生变化，民族问题仍然是社会主义革命和建设总问题的一部分。他说："国家的统一，人民的团结，国内各民族的团结，这是我们的事业必定要胜利的基本保证。"将

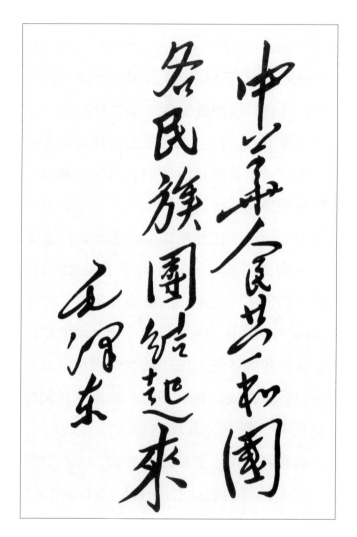

1950年毛泽东同志为中央民族访问团的题词。

民族团结放到了我们事业胜利的基本保证这样一个高度来看待，足以证明毛泽东同志对社会主义时期民族问题的重视程度。然而，尽管毛泽东同志一再强调民族问题的重要性，但是对其置放的地位始终恰如其分，一直将民族问题作为革命和建设总问题中的从属问题来对待，一直将这一具体问题的解决放在总问题的解决之中去考虑。正确认识和处理革命和建设总问题与民族问题的关系，这是解决民族问题的关键，而将民族问题作为总问题的一部分来看待，则是我们认识和解决民族问题的重要指导思想。

找到了民族问题在革命和建设总问题中的坐标方位以后，还需要从历史和现实的结合上，更准确、更充分、更具体地认识汉族与少数民族的关系、各少数民族内部的关系，少数民族在我国历史上所处的地位，在革命和建设中所产生的重要影响和发挥的重要作用。对这样一系列重要的问题，首先，毛泽东同志认为，"中国是一个由多数民族结合而成的拥有广大人口的国家"。由于我国历史悠久，文化源远流长，"各个少数民族对中国的历史都作过贡献"，各民族共同缔造了伟大的祖国。其次，毛泽东同志认为必须从少数民族所占的广大地域来认识它的历史地位和重要作用。他说："我国少数民族人数少，占的地方大。论人口，汉族占百分之九十四，是压倒优势。……而土地谁多呢？土地是少数民族多，占百分之五十到六十。我们说中国地大物博，人口众多，实际上是汉族'人口众多'，少数民族'地大物博'，至少地下资源很可能是少数民族'物博'。"由于这样一个特殊的历史原因，"我们国民经济没有少数民族的经济是不行的。"第三，毛泽东同志认为从历史和现实情况来看，"少数民族在政治上、经济上、国防上，都对整个国家、整个中华民族有很大的帮助"。"他们加入了中华民族这个大家庭，就是在政治上帮助了汉族。"所以从政治上看，从历史上形成的中国辽阔的地理版图的民族分布的特点和格局看，中国没有少数民族是不行的。而正确认识少数民族在我国所处的历史地位和所起的重要作用，正是我们党制定符合我国民族地区和少数民族实际的方针、政策的基本依据。

综上所述，毛泽东同志的民族观的第一部分内容，主要是确定了认识和解决民族问题的根本出发点，提出了解决和处理民族问题的基本指导思想和制定具体方针、政策的基本依据。

其次，毛泽东同志的民族观的第二部分内容，就是在中国特定的国度和区域内，应制定怎样的方针、政策，实行怎样的原则、方法和通过什么途径去正确处理和解决民族问题。这是毛泽东同志认识和解决民族问题的基本落脚点。

第一，毛泽东同志认为实行民族平等、民族团结以及各民族共同发展、共同繁荣，是正确处理民族问题的前提，也是正确解决民族问题的基本原则和在社会主义时期所要达到的基本目标。早在 1934 年，毛泽东同志在《中华苏维埃共和国中央执行委员会与人民委员会对第二次全国苏维埃代表大会的报告》中就指出："争取一切被压迫的少数民族环绕于苏维埃的周围，增加反帝国主义与反国民党的革命力量，使一切被压迫民族得到自由与解放，是苏维埃民族政策的出发点。"在抗日战争时期，他又指出：中国要取得抗战的胜利，各民族人民必须实现"平等的联合"。只有平等的联合才能战胜共同的敌人。1950 年，他向全国人民发出号召："中华人民共和国各民族团结起来"。1952 年，他又说：我们要和各民族讲团结，不论大的民族小的民族都要讲团结。例如鄂伦春族还不到两千人，我们也要和他们团结。他还清醒地认识到，新民主主义革命的胜利，社会主义制度的建立，为各民族实现真正的平等开辟了前进的道路，指明了光明的前景。但这并不等于在社会主义时期就不产生民族问题。由于社会历史、地理条件等多种原因，在社会主义社会的一定时期内，各少数民族还会在一定程度上保持自己的民族特点，还会在风俗习惯、生活方式、语言文字、宗教信仰、道德观念、服装摆饰等等方面保留自己的民族风俗；不同的民族地区和少数民族的经济和社会发展程度也会呈现出不平衡的现象。因此，他认为民族关系中出现这样或那样的问题，不仅是正常的，也是不可避免的。为了防止各种民族矛盾及摩擦的不断升级以及民族问题性质在一定条件下的转化，他特别强调指出：我们"必须搞好汉族和少数民族的关系，巩固各民族的团结，来共同努力于建设伟大的社会主义祖国。""少数民族和汉族团结在一起了，全国人民都高兴。"实现民族平等，才能实现民族团结，平等是团结的基础；而只有实现民族平等、民族团结，各民族才能共同发展；各民族共同发展，才能在社会主义时期实现各民族的共同繁荣，平等、团结又是发展和繁荣的基础。

第二，毛泽东同志认为要坚持民族平等、民族团结以及各民族共同发展、共同繁荣这样一个基本原则，在社会主义时期实现各民族共同发展、共同繁荣这样一个重要目标，在从事民族工作中，我们必须既要反对大汉族主义，也要反对地方民族主义。反对大汉族主义是就我们工作的全局要求而提出来的；反对地方民族主义是就我们工作的局部要求而加以强调的。那么，反对两个主义是不是工作中没有重点呢？不是的，两者之中有重点。"我们着重反对大汉族主义，地方民族主义也要反对，但是那一般地不是重点。"我们"必须严格地反对大汉族主义"，也要反对少数民族中间的"狭隘的民族主义"。"但是，这两个东西，主要的、首先要反对的是大汉族主义"。为什么要将反对大汉族主义作为重点呢？毛泽东同志认为，一是"汉族这么多人，容易看不起少数民族"；二是"只要汉族同志态度正确，对待少数民族确实公道，在民族政策上、民族关系的立场上完全是马克思主义的，不是资产阶级的观点，就是说，没有大汉族主义，那末，少数民族中间的狭隘民族主义观点是比较容易克服的"。他还在几次重要场合的讲话中列举了大汉族主义的种种表现，并明确指出了大汉族主义的问题性质。他说，大汉族主义的表现"例如包办代替，不尊重人家的风俗习惯，自以为是，看不起人家，说人家怎么样落后等等"。大汉族主义是"一种资产阶级思想"，是"地主阶级和资产阶级在民族关系上表现出来的反动思想，即是国民党思想"。除此而外，毛泽东同志还多次指出了大汉族主义和地方民族主义的危害性以及克服这些问题的办法。他认为："如果我们现在不抓紧时机进行教育，坚决克服党内和人民中的大汉族主义，那是很危险的。"无论是大汉族主义或者地方民族主义，都不利于各族人民的团结。要克服和纠正大汉族主义和地方民族主义，就要在广大干部和人民群众中"广泛地持久地进行无产阶级的民族政策教育，并且要对汉族和少数民族的关系经常注意检查"，"给以足够的注意"，对我们党内一些党员和干部思想中存在的大汉族主义给予"深刻批评"。为了反对大汉族主义和地方民族主义，搞好各民族之间的关系，毛泽东同志对汉族和少数民族同志都提出了具体的要求。他要求汉族同志必须特别注意：（1）坚持民族平等，坚持宪法特别赋予少数民族的自治权利和民主自由；（2）坚持照顾各少数民族和民族地区的特点；（3）坚持党的民族政策。他要求少数民族的同志则必须坚持：（1）只有一个祖国，即中华人民共和国；（2）只有一条道路，即社会主义和共产主义；（3）只有一个领导核心，即中国工人阶级统一的先锋队——中国共产党。

第三，毛泽东同志认为少数民族的特殊情况要特殊对待。在少数民族地区进行社会改革和从事各项工作，要一切从各民族和各民族地区的实际出发，坚持"慎重稳进"，这是我们解决民族问题的基本工作方针和基本工作方法。他强调指出：由于少数民族的社会发育程度较低，过去受反动统治阶级的压迫和剥削，因此在政治、经济、文化上都有自己的特点，它有共同性，也有特殊性。共同的就适用共同的条文，特殊的就适用特殊的条文。少数民族地区，可以按照当地民族的各种特点，制定自治条例和单行条例。这样做就体现了原则性和灵活性的结合。在《论十大关系》中，他还专门提出，要"好好研究"一下少数民族地区的经济管理体制和财政体制怎样适合当地实际情况的问题。针对少数民族地区社会改革的问题，他强调，必须从少数民族地区的实际出发，坚持"慎重稳进"。早在 1950 年 6 月，毛泽东同志在党的七届三中全会的讲话中就指出："少数民族地区的社会改革，是一件重大的事情，必须谨慎对待。我们无论如何不能急躁，急了会出毛病。条件不成熟，不能进行改革。一个条件成熟了，其他条件不成熟，也不要进行重大的改革。当然，这并不是说不要改革。按照《共同纲领》的规定，少数民族地区的风俗习惯是可以改革的。但是，这种改革必须由少数民族自己来解决。没有群众条件，没有人民武装，没有少数民族自己的干部，就不要进行任何带群众性的改革工作。"1952 年 4 月，针对西藏的实际情况，毛泽东同志为中共中央起草的给西南局、西藏工委的党内指示中指出："我们要用一切努力和适当办法，争取达赖及其上层集团的大多数，孤立少数坏分子，达到不流血地在多年内逐步地改革西藏经济政治的目的"。为了使"团结多数孤立少数的上层统战政策"发生效力，稳定西藏，使我们在西藏能站稳脚根，"西藏至少在两三年内不能实行减租，不能实行土改"。"我们则只做生产、贸易、修路、医药、统战（团结多数，耐心教育）等好事，以争取群众，等候时机成熟再谈全部实行协定的问题。"1957年2月，当我国少数民族地区绝大部分都已基本上完成了民主改革和社会主义改造以后，毛泽东同志在最高国务会议第十一次（扩大）会议的讲话中又强调指出："西藏由于条件还不成熟，还没有进行民主改革。按照中央和西藏地方政府的十七条协议，社会制度的改革必须实行，但是何时实行，要待西藏大多数人民群众和领袖人物认为可行的时候，才能作出决定，不能性急。现在已决定在第二个五年计划期间不进行改革。在第三个五年计划期内是否进行改革，要到那时看情况才能决定。"采取"慎重稳进"，是我们党实事求是的思想路线在民族工作中的具体体现。正是由于我们党采取了这样的工作方针和工作方法，我们在少数民族地区，特别是西藏地区，进行民主改革和社会主义改造避免了大的社会震动，在稳进中实现了社会制度的飞跃，推动了社会生产力的向前发展。

第四，毛泽东同志认为在我国实行民族区域自治，是具有中国特点的解决中国民族问题的根本途径，也是适合我国各民族实际的需要，正确处理和解决我国民族问题所应实行的基本政策。实行民族区域自治，是毛泽东同志把马克思主义关于民族问题的基本原理同我国的具体实际相结合的伟大创造。毛泽东同志从中国国情出发，认为要解决中国的民族问题，必须实行民族区域自治。早在 1929 年 1 月，毛泽东同志、朱德同志在红四军的布告中就开始提出了"统一中华，举国称庆。满蒙回藏，章程自定"的主张。1938 年 11 月，在党的六届六中全会上，毛泽东同志在讲话中指出："允许蒙、回、藏、苗、瑶、彝、番各民族与汉族有平等权利，在共同对日原则之下，有自己管理自己事务之权，同时与汉族建立统一的国家"。"各少数民族与汉族杂居的地方，当地政府须设置由当地少数民族人员组成的委员会，作为省县政府的一个部门，管理和他们有关的事务，调节各民族的关系；在省县政府委员中应有他们的位置。""尊重各少数民族的文化、宗教、习惯"。1945 年，毛泽东同志在党的七大所作的政治报告中又强调指出："要求改善国内少数民族的待遇，允许各少数民族有民族自治的权利。""他们的语言、文字、风俗、习惯和宗教信仰，应被尊重。"1947 年 10 月，他在起草的《中国人民解放军宣言》中宣布："承认中国境内各少数民族有平等自治的权利。"

要实行民族区域自治，核心的问题是培养少数民族干部。为了强调这一问题的重要性，1949 年新中国刚刚成立，毛泽东同志在对西北少数民族工作的指示中就明确指出："要彻底解决民族问题，完全孤立民族反动派，没有大批从少数民族出身的共产主义干部是不可能的。"后来，在不同的时间、地点、场合，他又一再强调说：少数民族不仅要有行政干部，还"要有医生、工程师、科学家、艺术家以及各方面的人才，没有这样的干部和知识分子是不能建设社会主义的"。

要实行民族区域自治，必须帮助少数民族发展经济、文化、教育、科技事业。毛泽东同志认为：由于种种社会历史原因，我国汉族和少数民族之间以及各少数民族之间经济、文化的发展水平差异较大。对于汉族来讲，其整体发展水平高于少数民族，因此"我们要诚心诚意地积极帮助少数民族发展经济建设和文化建设"。只有这样，我国各民族才能在社会主义现代化建设的发展过程中共同发展，共同繁荣。1952年，他对西藏致敬团人员说过的一段话，再清楚不过地说明了这个问题。他说："过去的反动统治，清朝皇帝、蒋介石都是压迫剥削你们的，帝国主义也是一样，使得你们人口不得发展，经济削弱了，文化没有发展。共产党实行民族平等，不要压迫剥削你们，而是帮助你们，帮助你们发展人口、发展经济和文化"。"如果共产党不能帮助你们发展人口，发展经济和文化，那共产党就没有什么用处。"我国革命和建设的实践证明，毛泽东同志提出的实行民族区域自治，是完全符合我国的国家利益和各民族共同利益的英明决策。这项制度已经和正在发挥着巨大的威力。正因为如此，人们把这项制度生动地比喻为解决我国民族问题的一把

1959年10月12日，毛泽东同志、刘少奇同志、朱德同志接见参加国庆十周年典礼的各少数民族观礼团。

金钥匙。

综上所述，毛泽东同志的民族观的第二部分内容，主要是提出了正确处理和解决我国民族问题的基本方针、基本政策、基本原则、基本方法、根本途径，以及在社会主义时期解决民族问题所要达到的目标。

那么，毛泽东同志的民族观的两部分内容之间是一个什么样的关系，各部分的具体内容之间又是一个什么样的关系，它们组成了一个怎样的结构体系呢？我们认为，第一部分的内容与第二部分的内容有着紧密的联系，是一个完整的有机统一体。

第一部分关于民族问题与革命和建设总问题的关系问题，少数民族在我国历史发展中所处的历史地位和在革命与建设中所起的重要作用问题，是我们认识和解决民族问题的基本出发点。前后两个问题是我们认识中的两个不同视角和两个认识对象中的不同层面。它们所要解决的根本问题，就是要提高我们的认识能力和认识水平，正确把握各个不同历史时期民族问题的实质，明确各个历史阶段解决民族问题的主要任务，从而实现主观与客观历史的、具体的统一。如果我们将民族问题的坐标方位找错了，看不到少数民族在我国历史和现实中的地位和作用，或看得不充分，都会犯极大的错误，就会误入歧途，迷失方向，也就不可能提出和确立解决民族问题的正确方针、政策、方法、步骤和措施。

第二部分关于实行民族平等、民族团结以及各民族共同发展、共同繁荣的问题，既反对大汉族主义，又反对地方民族主义，重点是反对大汉族主义的问题，少数民族的特殊情况要特殊对待，一切从各少数民族和民族地区的实际出发，坚持慎重稳进的问题以及在我国少数民族地区实行民族区域自治的问题，是我们处理和解决民族问题的基本方针、政策、原则、方法、途径及其目标。

实现民族平等、民族团结和各民族共同发展、共同繁荣，是解决民族问题的基本原则，同时又是社会主义时期所要达到的目标。因此，可以说毛泽东同志的民族观的这一内容是其核心部分。因为实现民族平等、民族团结和各民族共同发展、共同繁荣，是无产阶级及其政党解决民族问题的出发点和归宿。实现民族平等，就是指一切民族不分大小、先进与落后，一律平等。就一个国家来说，国内各民族一律平等；就世界范围讲，全世界所有民族一律平等。它要求各民族在一切权利上完全平等，即各民族在政治、经济、文化教育、语言文字等方面享有平等权利，并无条件地保护少数民族的权利。它要求在无产阶级掌握政权的国家里，原先处在被压迫被统治地位的民族的无产阶级，不仅要遵守形式上的民族平等，而且要采取各种措施，帮助较落后的民族发展政治、经济和文化，逐步消除事实上的差别。实现民族团结，就是指各民族无产阶级的团结，无产阶级和被压迫民族的团结以及在社会主义统一的多民族国家中，各民族在根本利益一致基础上的团结。实现各民族共同发展和共同繁荣，就是在社会主义时期，国家通过各种方式和各种手段，使各民族的政治、经济、文化都得到发展，提高各民族人民的思想道德素质和科学文化素质。这些内容是马克思主义民族观和毛泽东同志的民族观最本质的体现，是无产阶级及其政党完成其历史使命必须要经历的历史过程，也是各民族在社会主义时期发展的总规律、总趋势。

既反对大汉族主义，又反对地方民族主义，重点是反对大汉族主义；少数民族的特殊情况要特殊对待，一切从各民族和各民族地区的实际出发，坚持"慎重稳进"，是我们在处理和解决民族问题中所应采取的基本工作方针和基本工作方法。我们在民族工作中只有坚持反对"两个主义"，才能使各民族干部和群众相互信任，相互支持，形成团结共事的格局。民族工作要做得卓有成效，就必须从各民族和各民族地区的实际出发。从实际出发就要求我们在现实生活中，对不同民族和不同民族地区的具体情况加以区分，特殊情况特殊对待，不同情况采取不同的对策。

民族区域自治既是解决我国民族问题的根本途径和基本政策，又是我们国家的一项基本政治制度。这个政策和制度体现了马克思主义关于民族平等联合的原则，有利于在国家统一领导下，采取适合民族特点和地区特点的政策措施，调动各民族人民的积极性、主动性、创造性，加速少数民族地区政治、经济和文化事业的全面发展，有利于增强各民族人民的凝聚力和向心力，保证我国多民族国家的大团结、大统一。实践证明，这个政策和制度完全适合中国国情，成功地解决了我国的民族问题。随着这一政策和制度的实施以及在实践中的不断完善和发展，我国已经形成了从《宪法》到《民族区域自治法》，再到各自治地方自治条例、单行条例的法律、法规的系列。截至 1989 年，全国 55 个少数民族中的 45 个民族建立了自治地方，实行自治的民族人口占少数民族总人口的 82%，民族区域自治地方的面积占全国总面积的 64%。

上述各个内容之间都有着不可分割的必然联系，相互作用、相互影响、相互制约，构成了一个相对独立的有机统一体，形成了完整的毛泽东同志关于民族问题的基本理论和基本观点。

党的十一届三中全会以后，我国进入了改革开放和社会主义现代化建设新时期。在新的历史时期，我们党把马克思列宁主义、毛泽东思想的民族理论和我国各民族的新的实际相结合，在建设有中国特色社会主义的实践中，积累了丰富的民族工作经验，进一步发展了毛泽东同志的民族观。我们党对民族问题的实质进行再认识；把解决民族问题的重要性提到了一个全新的高度去认识；对社会主义条件下的民族关系进行了新的概括，确立了社会主义新型民族关系的主题——平等、团结、互助；提出了汉族离不开少数民族、少数民族离不开汉族的"两个离不开"的重要思想；提出了进一步发展和完善民族区域自治制度的基本原则；提出了重视和加快民族地区经济和社会发展，大力培养少数民族干部，提高少数民族劳动者素质；从实际出发，加大民族地区改革开放的力度和份量，同时要保持边疆少数民族地区的社会稳定，以生产力标准来衡量民族地区改革开放、经济建设和社会发展等一系列理论和观点。我们党关于民族问题的这些新的理论、新的观点，丰富和发展了毛泽东思想关于民族问题的理论，成为建设有中国特色社会主义理论的有机组成部分。

今天，我国各族人民正在党的领导下向新的世纪迈进，正在为实现中华民族的振兴而奋发努力。我们要十分珍惜毛泽东同志等老一辈无产阶级革命家留给我们的宝贵精神财富，继续沿着中国共产党解决中国民族问题的正确道路奋勇前进。

我们学习毛泽东同志的民族观，不仅要了解其基本内容，还要善于把握其内在结构关系；不仅要了解它与建设有中国特色社会主义理论的源渊和继承关系，还要十分明确地掌握这一理论在新的历史条件下的新发展、新贡献、新创造，从而在社会历史发展新的契机中，实现新的跨越，使各民族人民团结一致、齐心协力、万众一心、奋力开拓，坚持党的"一个中心、两个基本点"的基本路线一百年不动摇，在推进建设有中国特色社会主义伟大事业的进程中，做好民族工作，加强民族团结，维护祖国统一，促使各民族共同发展，共同进步，共同繁荣。

党和人民军队建设史上重要里程碑*

　　古田会议召开至今已经整整 90 年了。古田会议是党和人民军队建设史上一座重要的里程碑。重温这段历史，对新时代加强党和人民军队建设具有重大的现实意义。

　　中国共产党和党领导的人民军队，是在近代中国一种特殊的历史背景下诞生的。她们都有相同的宗旨，负有庄严的历史使命。但是，当时的中国国情、党和人民军队建立之初的状况，对如何建设一个马克思主义的新型政党，如何建设一支党领导下的新型人民军队，提出了艰巨的任务和严峻的课题。古田会议是无产阶级思想与非无产阶级思想斗争的产物，是党和人民军队前进和发展的必然。1929 年 12 月，红四军党的第九次代表大会即古田会议，针对党和红军中大量农民和其他小资产阶级分子进入的实际，通过毛泽东同志主持起草的决议，创造性地运用马克思主义，确立了思想建

---

* 原载《百年潮》2020 年第 1 期，原标题为《古田会议的历史地位和现实意义》。

古田会议会址。

党、政治建军的基本原则，从根本上解决了加强思想建设，克服各种非无产阶级思想，保持党的无产阶级先锋队性质的问题；解决了加强政治建设，确立党对军队的绝对领导，划清同一切旧式军队界限的问题。这是毛泽东同志对马克思主义建党建军思想的重大贡献。

古田是一片红色的土地，古田会议精神是党和人民的宝贵精神财富。习近平总书记曾多次来到这里缅怀革命先烈，特别是 2014 年 10 月，他亲自提议部署在古田召开全军政治工作会议，这是一次新的古田会议，是对古田会议精神的继承和发展，为全面加强新时代军队政治建设、把人民军队全面建成世界一流军队指明了方向。

我们纪念古田会议，就是要继承和发扬它的革命精神，汲取智慧和力量。古田会议具有重大的现实意义。从新时代的视角看，古田会议给我们以深刻的历史启示。

一是坚持思想建设要坚定不移。从古田会议开始，注重思想建党成为我们党的鲜明特色、光荣传统和独特优势。我们党坚持把马克思主义基本原理与中国实际相结合，先后创立形成了毛泽东思想、邓小平理论、"三个代表"重要思想、科学发展观、习近平新时代中国特色社会主义思想。这是我们党和人民军队不断从胜利走向胜利的科学指南。新时代加强党和人民军队建设，就必须高举习近平新时代中国特色社会主义思想伟大旗帜，坚持不懈用这一思想武装头脑，指导实践，推动工作。

二是加强政治建设要坚定不移。古田会议对党和军队政治建设的创造性探索，至今仍闪耀着真理的光芒。政治建设是党的根本性建设，旗帜鲜明讲政治是我们党作为马克思主义政党的根本要求。新时代加强党和人民军队建设，就要把党的政治建设摆在首位，增强"四个意识"，坚定"四个自信"，做到"两个维护"，确保全党统一意志、统一行动，步调一致向前进。

三是发挥制度优势要坚定不移。古田会议确立的党指挥枪的根本原则和制度，构建的思想教育和政治工作制度，对红军生存发展起到了决定性作用。新时代加强党和人民军队建设，就要发扬我们制度建设的显著优势，坚持和完善中国特色社会主义制度，推进国家治理体系和治理能力现代化，更好地把我们的制度优势转化为治理效能，为实现"两个一百年"奋斗目标、实现中华民族伟大复兴的中国梦提供有力保证。

四是勇于自我革命要坚定不移。古田会议在党的历史上以自我革命的方式纠正了党和红军自身存在的问题，使正确的建党建军原则逐步得以实行，显示了我们党极强的自我纠错和自我修复能力。新时代加强党和人民军队建设，就要勇于自我革命，坚持自我净化、自我完善、自我革新、自我提高，敢于同一切错误言行作斗争，始终保持党的先进性和纯洁性。

古田会议结束七天后，毛泽东同志满怀革命豪情，用诗一般的语言描绘了中国革命的未来。他指出："它是站在海岸遥望海中已经看得见桅杆尖头了的一只航船，它是立于高山之巅远看东方已见光芒四射喷薄欲出的一轮朝日，它是躁动于母腹中的快要成熟了的一个婴儿"。2014 年全军政治工作会议期间，习近平总书记提出了一个需要全党全军思考和回答的重大政治问题。他说："我们再次来到这里，目的是寻根溯源，深入思考当初是从哪里出发的、为什么出发的，重温我党我军光荣历史，缅怀老一辈革命家的丰功伟绩，接受思想洗礼，以利于更好前进。"今天，中华民族伟大复兴的光明前景也像光芒四射喷薄欲出的朝日一样，召唤着我们铭记我党我军的光荣历史，从古田再出发，迈向新征程。让我们更加紧密地团结在以习近平同志为核心的党中央周围，不忘初心，牢记使命，永远奋斗，不断续写党和人民军队历史的新辉煌！

党在局部地区执政的伟大尝试 *

90 年前，我们党创建中央革命根据地、成立中华苏维埃共和国，这是中国近现代史、中国革命史、中国共产党历史上的大事件。这是中国共产党人把马克思主义基本原理同中国革命具体实际相结合、同中华优秀传统文化相结合，艰辛奋斗、不懈探索的必然结果；是中国共产党遵循历史发展规律、顺应历史发展大势、掌握历史主动的必然产物。今天，我们回顾这段波澜壮阔的奋斗历程，缅怀毛泽东同志等老一辈革命家的丰功伟绩，学习革命先辈的宝贵精神和崇高风范，具有重要的意义。

一、中华苏维埃共和国是中国历史上第一个全国性的 工农民主政权，树立起人民当家作主的伟大旗帜

1931 年 11 月成立的中华苏维埃共和国，是中国共产党

---

* 原标题为《在纪念中央革命根据地创建暨中华苏维埃共和国成立 90 周年座谈会上的发言》，2021 年 11 月 2 日。

领导人民打碎旧的国家机器，建立新型国家政权的伟大实践。《中华苏维埃共和国宪法大纲》明确规定："中国苏维埃政权所建立的是工人和农民的民主专政的国家""苏维埃全部政权是属于工人、农民、红军兵士及一切劳苦民众的。"这表明，党领导建立的苏维埃政权是与国民党代表的大地主大资产阶级利益的反动政权有着根本区别的新型人民政权，是中国几千年历史上不曾有过的人民真正当家作主的政权。中华苏维埃共和国是一个全国性政权，领导着当时党建立的十几个革命根据地，其政令、法律在各个苏区得到统一实施。在新的革命政权领导下，人民群众在政治上翻身做了主人，物质文化生活得到改善。尽管这个新的政权力量很弱小，但在捍卫人民利益、维护中华民族尊严上，却真正代表了中国人民的意志。面对九一八事变后日本帝国主义对中国东北的疯狂侵略，刚刚成立不久的中华苏维埃共和国，于1932年4月15日发表《中华苏维埃共和国临时中央政府宣布对日战争宣言》，号召"以民族革命战争驱逐日本帝国主义出中国"；而反观国民党政府，对日本帝国主义的侵略行为步步妥协退让，在日本帝国主义发动全面侵华战争后仍迟迟不敢宣战，直到1941年12月9日太平洋战争爆发后才正式对日宣战。中国共产党领导的新型人民政权，真正让陷于苦难深渊的中国人民看到了光明和希望。

二、中华苏维埃共和国是党在局部地区执政的伟大尝试，为党在全国执政和建设新中国积累了宝贵经验

中华苏维埃共和国领导着全国十多个苏维埃区域，鼎盛时期，仅中央苏区就拥有 8 万多平方公里面积、近 500 万人口，成立了四个省级政权和 60 多个县级政权。鄂豫皖苏区鼎盛时拥有 4 万多平方公里面积、350 万人口，建立了 26 个县级政权。到 1934 年初，中华苏维埃共和国先后成立了几百个县级苏维埃政权。这是我们党在局部地区执政的伟大尝试，扩大了党和红色政权在全国的影响。在极端艰苦的战争环境中，党领导人民进行政治、经济、军事、教育、文化等各方面建设。政治上创建全国苏维埃代表大会制度，实行民主选举、民主监督，建立层级清晰的权力机关、职能完备的行政体系、职权分明的司法体系，颁布制定了 130 余部法律法规。经济上积极发展工农业生产、对外贸易，发行经济建设公债等。社会建设上实行苏维埃文化教育和婚姻制度改革，开展土地革命，彻底解除反动统治阶级和封建礼教强加在工农群众身上的桎梏。军事上进一步发展和完善了工农武装割据的思想，探索出符合中国革命战争规律与特点的建军原则和战略战术，锤炼出一支英勇善战、百折不挠的人民军队。同时，培养造就了大批领导骨干和组织、管理、军事人才。中华苏维埃共和国区域生机勃勃的景象，同国民党统治区民不聊生的悲惨景象形成鲜明对比。正如毛泽东同志所

中央革命根据地的中心——瑞金。

说："党开辟了人民政权的道路，因此也就学会了治国安民的艺术。党创造了坚强的武装部队，因此也就学会了战争的艺术。所有这些，都是党的重大进步和重大成功。"

三、中华苏维埃共和国建立和发展中铸就的苏区精神，为中国共产党人不断从胜利走向胜利提供了不竭动力

党领导苏区人民在血与火的斗争中，形成了以"坚定信念、求真务实、一心为民、清正廉洁、艰苦奋斗、争创一流、无私奉献"为主要内涵的苏区精神，是伟大建党精神的传承和发展，是中国共产党人精神谱系的重要组成部分。方志敏烈士牺牲前留下的铮铮誓言"敌人只能砍下我们的头颅，决不能动摇我们的信仰"，江善忠烈士跳崖前在绝壁上镌刻的"死到阴间不反水，保护共产党万万年"，都是共产党人坚定理想信念的生动写照。党和苏维埃政府一心为民、造福群众的故事更是不可胜数。毛泽东同志当时要求广大党员干部："我们应该深刻地注意群众生活的问题，从土地、劳动问题，到柴米油盐问题。妇女群众要学习犁耙，找什么人去教她们呢？小孩子要求读书，小学办起了没有呢？对面的木桥太小会跌倒行人，要不要修理一下呢？许多人生疮害病，想个什么办法呢？一切这些群众生活上的问题，都应该把它提到自己的议事日程上。""要使广大群众认识我们是代表他们的利益的，是和他们呼吸相通的。"广大党员干部在艰苦的环境中"日着草鞋干革命，夜走山路访贫农"，瑞金

沙洲坝的"红井"、叶坪村谢大娘屋顶的"天窗"、土地部副部长胡海自带干粮去办公等等，至今还被人民群众广为传颂。这种伟大精神是跨越时空、永不过时的，是砥砺我们不忘初心、继续前进的不竭精神动力。

习近平总书记指出："一切向前走，都不能忘记走过的路，走得再远、走到再光辉的未来，也不能忘记走过的过去，不能忘记为什么出发。"新征程上，我们要把中央革命根据地和中华苏维埃共和国的历史学习好、研究好、总结好，把党的伟大精神和优良传统宣传好、传承好、发扬好，不断从这座红色富矿中挖掘出宝贵精神财富。让我们更加紧密地团结在以习近平同志为核心的党中央周围，为全面建设社会主义现代化国家、实现中华民族伟大复兴的中国梦不懈奋斗！

遵义会议精神永放光芒 [*]

2015 年是遵义会议召开 80 周年。我们纪念遵义会议的召开，学习和弘扬遵义会议精神，具有重大的现实意义和历史意义。在我们党的历史上，遵义会议是一个生死攸关的转折点，这是党的历史决议所下的判断和结论。因为，遵义会议挽救了党，挽救了红军，挽救了中国革命。我们党领导人民在新民主主义革命时期奋斗了 28 年。28 年一分为二，中间的坐标正好是遵义会议，它成为我们党在民主革命时期的一个重要历史节点。以这个节点来分界，向前看是党早期 14 年的历史，向后看是党 14 年走向壮大成熟和不断取得胜利的历史。前 14 年，我们党曾遭受两次重大历史挫折，一次是大革命的失败，一次是中央根据地第五次反"围剿"的失败。第二次失败使我们党和红军遭受了重大损失，几乎陷入绝境。正是以遵义会议召开为标志，中国共产党从这里重

* 原载《光明日报》2015 年 1 月 7 日。

遵义会议会址内部场景。

新站起，党的领导核心在这里确立，党的成熟的领导集体从这里开始逐步形成，我们党有了正确的前进方向。从此，中国共产党带领中国人民克服一个又一个艰难险阻，先后取得抗日战争的胜利、解放战争的胜利，最终取得新民主主义革命的胜利，建立了中华人民共和国。这是一段波澜壮阔的历史，展现了历史的必然！正确解读这段历史，明确揭示历史现象背后的规律和必然，正是我们今天纪念遵义会议，从中获取智慧和力量的目的所在。

遵义会议为什么能成功召开，为什么能产生如此重大的历史作用和意义，我们可以从多方面、多角度去概括和总结，但实事求是、独立自主、民主集中制和党指挥枪是其中最主要、最基本的方面。

实事求是是根本

实事求是，是马克思主义的根本观点，是我们党的思想路线的核心内容，是毛泽东思想三个活的灵魂之一。遵义会议的第一个鲜明特点，就是坚持了实事求是的原则。作为党的思想路线的核心内容，虽然这时我们党还没有对其进行概括和提炼，但是，遵义会议贯彻了这一精神，会议的各项决定是实事求是的产物，是实事求是的具体体现。实事求是成为我们党结束"左"倾教条主义错误在中央的统治最有力的思想武器。遵义会议前党内曾一度出现了把马克思主义教条化、把共产国际决议和苏联经验神圣化的错误倾向，如果继续照搬教条、照套本本，那会是一个什么样的结局呢？严酷的现实摆在党的面前。遵义会议前的湘江之战，红军付出了极为惨重的代价；会后的四渡赤水取得战略转移中具有决定意义的胜利，与之前形成鲜明的对照，活生生的现实深刻地教育了广大党员和红军将士。遵义会议的历史告诉我们，必须坚持实事求是，只有坚持实事求是，马克思主义才有活力、才有生命力；只有坚持实事求是，才能解决中国的实际问题。过去，在革命战争年代我们党坚持实事求是，取得了革命的胜利。今天，我们党要团结带领全国各族人民全面建成小康社会、全面深化改革、全面推进依法治国、全面从严治党，也必须继续坚持实事求是，必须坚持一切从实际出发，理论联系实际，在实践中检验真理和发展真理。

独立自主是关键

对于一个国家、一个民族、一个政党来说，要不要坚持独立自主，是一个至关重大的问题。对此，我们有切肤之痛，有切身的感受。习近平总书记指出，坚持独立自主，就要坚持中国的事情必须由中国人民自己作主张、自己来处理。独立自主是中国共产党、中华人民共和国立党立国的重要原则，也是毛泽东思想三个活的灵魂之一。为什么要将独立自主列为毛泽东思想活的灵魂？看一看党的历史，看一看遵义会议，我们就清楚了、明白了。中国共产党是在共产国际的帮助下建立的，党的二大通过决议正式加入共产国际，成为其下属的一个支部。毛泽东同志对于共产国际与中国革命的关系，有一个总的评价。他说："两头好，中间不好。"中间不好就是指共产国际对我们党内部干预太多，尤其是王明"左"倾错误路线的发生，正是与共产国际及其代表有关。遵义会议是在我们党同共产国际中断联系的情况下召开的，会议作出了一系列被实践证明是正确的重大决策和重大决定，这些成果都是我们党独立自主取得的。遵义会议的历史表明，"中国革命斗争的胜利要靠中国同志了解中国情况"，中国共产党的事情要由中国共产党根据中国的实际自己来做决定。外国的经验可以学习，外党的经验可以借鉴，但不能照抄照搬。人类历史上，没有一个民族、没有一个国家可以通过依赖外部力量、跟在他人后面亦步亦趋实现强大和振兴。那样做的结果，不是必然遭遇失败，就是必然成为他人的附庸。今天的中国共产党已经成为世界第一大党，在一个 13 亿多人口的大国长期执政，面临的世情国情党情十分复杂和独特，我们必须坚持独立自主，走自己的路，走中国特色社会主义道路。

民主集中制是保证

民主集中制是我们党的根本组织制度和领导制度，它正确规范了党内政治生活、处理党内关系的基本准则，是反映、体现全党同志和全国人民利益与愿望，保证党的路线方针政策正确制定和执行的科学的合理的有效率的制度。因此，这是我们党最大的制度优势。遵义会议之所以开得好、开得成功，是民主集中制起了作用。试想，如果没有民主集中制，会上张闻天同志能作反对"左"倾军事错误的报告吗？毛泽东同志能对军事指挥上的错误展开批评吗？中央领导机构和军事指挥机构能够改组吗？不能。由于有了这样一个制度，党内开展了积极的思想斗争，解决了在战争时期党内所面临的最迫切、最急需解决的组织人事问题和军事领导问题，既纠正了错误，又团结了同志。有了正常的党内生活，我们党就开始逐步形成了党的稳定的领导核心。遵义会议的历史证明，民主集中制作为我们党的一个根本组织原则和组织领导制度，必须长期坚持。只有坚持民主集中制，我们党才能不断克服自身存在的问题，完善自我，提升自我，我们党才有凝聚力、战斗力，才能不断发展壮大，更加坚强。

党指挥枪是原则

党指挥枪是我们的人民军队在创建之初，由毛泽东同志在"三湾改编"时确立的原则，在古田会议上得到重申和强调。习近平总书记指出："八十多年来，我军之所以能始终保持强大的凝聚力、向心力、战斗力，经受住各种考验，不断从胜利走向胜利，最根本的就是靠党的坚强领导。这是我军的军魂和命根子，永远不能变，永远不能丢。"党对军队的绝对领导，体现在遵义会议对重大军事行动的决策上，体现在对军事"三人团"的改组和调整上。这个重要原则，保证了红军的转危为安，保证了人民军队能打仗、打胜仗。遵义会议的历史昭示我们，保证党对军队的绝对领导，关系我军的性质，关系我军的宗旨。在新的历史条件下，人民军队要履行职责，完成好使命，以强军梦支撑中国梦，就必须铸牢强军之魂，继续牢牢地把握好党指挥枪这一根本原则，为保卫国家的主权、安全和领土完整，为捍卫中国特色社会主义、维护人民的根本利益服务。

遵义会议召开至今已经 80 年过去了，中国发生了翻天覆地的变化。虽然，随着岁月的流逝，我们翻开了新的一页，迈出了新的脚步，但是，历史不可忘记。正如习近平总书记所强调的，历史是最好的教科书，中国革命历史是最好的营养剂。历史的启迪永在，精神的价值永存。我们纪念遵义会议召开 80 周年，就要深入挖掘和整理、继承和发扬光大它的精神和价值，为我们今天改革开放和社会主义现代化建设服务，为实现"两个一百年"奋斗目标和中华民族伟大复兴的中国梦服务。

坚持持久战　打好歼灭战 *

　　2015 年底召开的中央经济工作会议针对做好 2016 年经济工作提出，"战略上坚持持久战，战术上打好歼灭战"。这是一个重要战略思想，也是一个重大战略战术问题。战略是决定全局的策略，战术是解决局部问题的方法。坚持持久战强调的是战略问题，打好歼灭战突出的是战术问题。以习近平同志为核心的党中央把持久战与歼灭战统筹起来，作为战略战术在经济工作中提出来，并要求把握好，具有十分重要的现实意义。它是中国共产党历史智慧在现实条件下的创新性实践，是毛泽东军事思想在经济工作中的创造性运用。深刻理解和准确把握这一战略思想和战略战术，对于做好 2016 年乃至更长时期的经济工作具有重要指导意义。

---

* 原载《人民日报》2016 年 2 月 1 日，原标题为《坚持持久战　打好歼灭战——论做好经济工作的战略和战术》。

战略上坚持持久战需要坚持稳中求进、把握好节奏和力度

持久战的战略是毛泽东同志提出来的，是抗日战争中我们打败日本侵略者的一个重要战略思想。1937 年七七事变爆发后，全国抗战开始。当时，国内流行着两种错误观点：一种是亡国论，认为战必败；一种是速胜论，认为依赖外援可迅速结束战争。到底中国抗日战争的发展趋势和前景如何，应该怎样去看？当时人们的思想很迷茫、很混乱。这个时候，毛泽东同志集中全党智慧，于 1938 年 5 月发表了著名的军事哲学著作《论持久战》，科学分析了国际国内形势，根据中日双方力量对比、战争性质、人心所向、国际条件等因素，得出正确结论：中国既不可能灭亡，也不可能速胜，抗日战争是一场持久战，这场战争的最后胜利属于中国。这个思想的科学预见性被抗日战争的历史进程所证明。

当前，面对经济工作中的困难和问题，我们到底应该怎么看、怎么办？中央经济工作会议提出，"战略上坚持持久战""战略上要坚持稳中求进、把握好节奏和力度"。这是一个必须把握好的重要战略思想。为什么？因为经过 30 多年的改革开放，我国经济已经深度融入世界经济。中国的发展离不开世界，世界的发展也离不开中国。在这样的条件和背景下，国际形势和外部环境的变化不可能不对我国经济产生影响。国际金融危机爆发至今已有 8 年，世界经济低迷和下滑的趋势尚未根本扭转，还看不出短期内复苏和走出困境的

迹象。这是其一。其二，我国目前经济工作中存在的问题，主要不是周期性的，不可能通过短期刺激实现 V 型反弹，我国经济可能会经历一个 L 型增长阶段。我们要做好打持久战的准备，敢于经历痛苦的磨难，适当提高换挡降速的容忍度，先筑底、后回升。要正视困难、明确方向，坚定信心、共同努力，强化体制动力和内生动力，把我国经济增长的巨大潜力转变为现实动力，引领我国经济迈上新台阶。

战术上打好歼灭战需要抓住关键点

歼灭战的战术也是毛泽东同志提出来的，是土地革命战争及以后我们党领导的人民军队在多次战役战斗中打败敌人、取得胜利的一个重要战术。1927 年大革命失败后，毛泽东同志领导秋收起义部队上了井冈山，创建了农村革命根据地。在中央革命根据地的反"围剿"斗争中，毛泽东同志提出了歼灭战的战术。为什么要提出这样一个战术呢？因为敌我力量悬殊。毛泽东同志提出不要打消耗战、击溃战，而要打歼灭战。"对于人，伤其十指不如断其一指；对于敌，击溃其十个师不如歼灭其一个师。"他强调："歼灭战和集中优势兵力、采取包围迂回战术，同一意义。没有后者，就没有前者。"从总体力量上看，敌强我弱；但在每一个具体的战役或战斗中，如果我们用三倍、四倍、五倍甚至六倍于敌人的力量包围和打击敌人，打歼灭战，就会不断消灭敌人，把敌人一点一点吃掉，最终就会将局部优势逐步扩大、转变成全局和整体优势。

那么，在 2016 年的经济工作中，我们要打好哪几个歼灭战呢？中央经济工作会议强调："战术上打好歼灭战"，"战术上要抓住关键点，主要是抓好去产能、去库存、去杠杆、降成本、补短板五大任务"。这关键的五大任务就是习近平总书记强调要做好的五个方面的工作：一是积极稳妥化解产能过剩。按照企业主体、政府推动、市场引导、依法处置的办法，研究制定全面配套的政策体系，因地制宜、分类有序处置，妥善处理保持社会稳定和推进结构性改革的关系。二是帮助企业降低成本。降低制度性交易成本，降低企业税费负担，降低社会保险费，降低企业财务成本，降低电力价格，降低物流成本。三是化解房地产库存。按照加快提高户籍人口城镇化率和深化住房制度改革的要求，通过加快农民工市民化，扩大有效需求，打通供需通道，消化库存，稳定房地产市场。四是扩大有效供给。打好脱贫攻坚战，坚持精准扶贫、精准脱贫。支持企业技术改造和设备更新。培育发展新产业，加快技术、产品、业态等创新。补齐软硬基础设施短板。加大投资于人的力度，使劳动者更好适应变化了的市场环境。继续抓好农业生产，保障农产品有效供给，保障口粮安全，保障农民收入稳定增长。五是防范化解金融风险。对信用违约要依法处置。有效化解地方政府债务风险。加强全方位监管，规范各类融资行为。

　　2016 年 8 月，包头钢铁集团炼铁厂拆除高炉淘汰落后产能。

正确认识和把握战略与战术的辩证关系

战略与战术是相互联系、相互制约的，它们是相辅相成的辩证统一关系。如何正确认识和把握战略与战术的关系？对战略与战术应采取什么样的态度，如何运用？毛泽东同志强调，"战略上要藐视敌人，战术上要重视敌人"。这一思想对我们今天做好经济工作具有重要的启迪和指导意义。

1946 年 8 月，毛泽东同志提出"一切反动派都是纸老虎"的著名论断。他说，沙皇、希特勒、墨索里尼、日本帝国主义是纸老虎。蒋介石和他的支持者美国反动派也都是纸老虎。原子弹是美国反动派用来吓人的一只纸老虎。在战略上要敢于藐视敌人。但是，在战术上必须重视敌人。后来，他在多次阐述战术问题的重要性时又强调，打仗只能一仗一仗地打，敌人只能一部分一部分地消灭，工厂只能一个一个地盖，农民犁地只能一块一块地犁，就是吃饭也是如此。原子弹又是活的铁的真的老虎，它们会吃人的。从这一点上，建立我们的策略思想和战术思想。

对今天的经济工作来讲，战略上坚持持久战，就是要求我们保持战略定力，不能急、不能慌、不能躁、不能冒，要对我国经济的长远发展有信心，要对经受各种风险的长久考验有意志，要对解决困难和问题有耐力；战术上打好歼灭战，就是要求我们突出工作重点，明确主攻方向，聚集问题焦点，把完成好经济工作中的五大任务作为五个战役来打。

要做好顶层谋划、基础设计和精心部署，确定时间表、任务书、路线图，有组织、有计划、有步骤地加以推进。要贯通全局、上下同心、左右协调、同向发力，一步步攻坚克难，最终达到我们的预期目标，取得胜利。

马克思主义政党对待历史和领袖人物的
郑重态度[*]

2013 年 12 月 26 日，习近平总书记在纪念毛泽东同志
诞辰 120 周年座谈会上发表了重要讲话。讲话高屋建瓴，气
势磅礴，高度评价了毛泽东同志一生的丰功伟绩，深刻阐述
了如何正确认识和对待党的历史和领袖人物，如何坚持和运
用好毛泽东思想活的灵魂，建设好我们党，把中国特色社会
主义伟大事业继续推向前进等重大问题。学习贯彻好讲话
精神，对于我们增强政治定力，把握前进方向，全面深化
改革，加快推进社会主义现代化建设，实现"两个一百年"
奋斗目标和中华民族伟大复兴的中国梦，具有重要的现实
意义。

---

[*] 原载《光明日报》2014 年 1 月 6 日，原标题为《马克思主义政党对待历史
和领袖人物的郑重态度——学习习近平总书记在纪念毛泽东同志诞辰 120
周年座谈会上的讲话》。

对毛泽东同志历史功绩的一个新的重要表述和评价：
"马克思主义中国化的伟大开拓者"

习近平总书记在讲话中指出："毛泽东同志是伟大的马克思主义者，伟大的无产阶级革命家、战略家、理论家，是马克思主义中国化的伟大开拓者，是近代以来中国伟大的爱国者和民族英雄，是党的第一代中央领导集体的核心，是领导中国人民彻底改变自己命运和国家面貌的一代伟人。"他在这里用了"四个伟大""一个核心""一代伟人"的表述，充分肯定和高度评价了毛泽东同志的历史地位和历史功绩。其中"马克思主义中国化的伟大开拓者"，是一个新的表述和新的评价。这个新表述新评价，一方面反映了随着实践的发展和时间的推移，我们对毛泽东同志在党的历史上所起作用的认识在不断深化，因而能够更客观、更准确、更全面地评价毛泽东同志的历史功绩。毛泽东同志之所以成为伟大的马克思主义者，伟大的无产阶级革命家、战略家、理论家，他在推进马克思主义中国化进程中所起的开拓性作用奠定了重要的前提和基础。因此，习近平总书记在讲话中对毛泽东同志在党的历史上所作的重要贡献，用"四个创造性地解决"中国革命道路问题、党的建设问题、人民军队建设问题、统一战线问题和"一个创造性地提出和实施"一系列正确的战略策略，进行了新的概括总结和评价。另一方面，这个新表述和新评价也强调了这一命题所具有的重大历史意

毛泽东同志雕像。

义和现实意义。它贯通了我们党革命、建设和改革三个历史阶段 90 多年的历史，连接了马克思主义基本原理与中国实际相结合所产生的"两大理论成果"，对我们充分认识它们在指导建设中国特色社会主义伟大实践中所处的历史地位和所起的历史作用，有着重要的启迪意义。毛泽东同志是马克思主义中国化的"伟大开拓者"，而后来者和继承者也会在以往的基础上继续开拓、继续前进。

正确认识和看待历史人物的一个重要新视点："革命领袖是人不是神"

习近平总书记在讲话中除高度评价毛泽东同志的历史功绩外，同时也指出了他在社会主义建设道路的探索中所走过的弯路，在晚年特别是在"文化大革命"中所犯的严重错误。如何正确地认识和看待毛泽东同志的历史功过？习近平总书记强调："党的十一届六中全会作出的《关于建国以来党的若干历史问题的决议》进行了全面评价。邓小平同志说，毛泽东同志的功绩是第一位的，他的错误是第二位的，他的错误在于违反了他自己正确的东西，是一个伟大的革命家、伟大的马克思主义者所犯的错误。"为什么要把握这样一个原则呢？这个原则对研究党的历史和领袖人物有什么指导意义呢？习近平总书记在讲话中提出了一个认识和看待历史人物的重要新视点："革命领袖是人不是神"。这是一个研究和评价历史人物的重要观点。为什么这样说呢？因为人都会犯错误。我们经常说："金无足赤，人无完人。"如果研究历史，以"神"的标准去看问题，就会对历史人物提出不切实际的苛刻要求。我们共产党人是历史唯物主义者，历史唯物主义认为，尽管革命领袖拥有很高的理论水平、丰富的斗争经验、卓越的领导才能，但这并不意味着他们的认识和行动可以不受时代条件的限制。对历史人物和革命领袖的评价，正像习近平总书记指出的那样："应该放在其所处时代和社会的历史条件下去分析，不能离开对历史条件、历史过程的全面认识和对历史规律的科学把握，不能忽略历史必然性和历史偶然性的关系。不能把历史顺境中的成功简单归功于个人，也不能把历史逆境中的挫折简单归咎于个人。不能用今天的时代条件、发展水平、认识水平去衡量和要求前人，不能苛求前人干出只有后人才能干出的业绩来。""我们党对自己包括领袖人物的失误和错误历来采取郑重的态度，一是敢于承认，二是正确分析，三是坚决纠正，从而使失误和错误连同党的成功经验一起成为宝贵的历史教材。"我们既不能因为领袖人物伟大就把他们像神那样顶礼膜拜，不容许提出并纠正他们的失误和错误；也不能因为他们有失误和错误就全盘否定，抹杀他们的历史功绩，陷入虚无主义的泥潭。"艰难困苦，玉汝于成"，这是一切正义事业胜利的逻辑。从成功中吸取经验，从失误中吸取教训，不断开辟走向胜利的道路，这就是中国共产党人的历史进程。自己的经验，包括自己的失误，是最好的历史教科书。回顾历史，是为了吸取和总结经验教训，以史为鉴，更好地前进。毛泽东同志晚年的错误有其主观因素和个人责任，还在于复杂的国内国际的社会历史原因，我们应该全面、历史、辩证地看待和分析，这才是历史唯物主义者应该采取的正确的、科学的态度。

研究我们党 90 多年历史得出的一个基本结论："道路决定命运"

习近平总书记在讲话中强调："道路决定命运，找到一条正确道路是多么不容易。中国特色社会主义不是从天上掉下来的，是党和人民历尽千辛万苦、付出各种代价取得的根本成就。改革开放前的社会主义实践探索，是党和人民在历史新时期把握现实、创造未来的出发阵地，没有它提供的正反两方面的历史经验，没有它积累的思想成果、物质成果、制度成果，改革开放也难以顺利推进。一切向前走，都不能忘记走过的路；走得再远、走到再光辉的未来，也不能忘记走过的过去。"从一个比较长的历史时段以深邃的历史眼光看问题，中国特色社会主义道路是在改革开放 30 多年的伟大实践中走出来的，是在中华人民共和国成立 60 多年的持续探索中走出来的，是在对近代以来 170 多年中华民族发展历程的深刻总结中走出来的，是在对中华民族 5000 多年悠久文明的传承中走出来的，具有深厚的历史渊源和广泛的现实基础。从党的 90 多年历史看，我们再对其作一个进一步的细分可以看到，党的 90 多年历史，是党领导人民进行革命、建设、改革的伟大历史。革命时期是从 1921 年到 1949 年即新民主主义革命 28 年的历史，革命的任务是为了救国；建设时期是从 1949 年到 1978 年即社会主义革命和社会主义建设 29 年的历史，建设的任务是为了兴国；改革时期是从 1978 年至今即改革开放和社会主义现代化建设新时期的历史，改革的任务是为了强国，今天改革的历史时期还在进行和延续之中。革命、建设、改革是一个接续奋斗、接力探索的历史过程。救国、兴国、强国是一个逐渐提高、依次递进的历史状态。每一个过程、每一种状态都是为了实现中华民族伟大复兴的奋斗目标，三个历史阶段中的三项伟大事业都是中华民族伟大复兴中不可或缺的重要组成部分。中国特色社会主义就是在几代共产党人的持续探索和奋斗中形成和发展起来的。以毛泽东同志为核心的党的第一代中央领导集体为新的历史时期开创中国特色社会主义提供了宝贵经验、理论准备、物质基础，以邓小平同志为核心的党的第二代中央领导集体成功开创了中国特色社会主义，以江泽民同志为核心的党的第三代中央领导集体成功把中国特色社会主义推向 21 世纪，以胡锦涛同志为总书记的党中央成功在新形势下坚持和发展了中国特色社会主义。党的十八大以来，以习近平同志为核心的党中央所做的一切工作，就是在团结带领全党全国各族人民坚持党的十一届三中全会以来的理论和路线方针政策，把我们党开创和发展的伟大事业坚持好、发展好。这个事业是一脉相承的，这段历史是前后贯通的，这条路线是一以贯之的，这个奋斗是接续不断的，它们之间不仅存在着时间上的连接，而且有着本质和内在的联系。我们应该尊重历史和人民的选择，应该珍惜在艰辛探索中找到的来之不易的道路。走过的路不能忘记，做过的事要铭记在心。历史是最好的教科书，历史是最好的老师。我们要按照习近平总书记在讲话中所要求的："把党和人民90多年历史的实践及其经验，当作时刻不能忘、须臾不能丢的立身之本，既不妄自菲薄、也不妄自尊大，毫不动摇走党和人民在长期实践探索中开辟出来的正确道路。"不为任何风险所惧，不被任何干扰所惑，使中国特色社会主义道路越走越宽广。

坚持和运用好毛泽东思想活的灵魂的一个根本要求："把我们党建设好，把中国特色社会主义伟大事业继续推向前进"

毛泽东同志留给我们党最重要的政治遗产就是毛泽东思想，毛泽东思想是我们党和人民十分宝贵的精神财富。习近平总书记在讲话中郑重地宣示和特别地强调："我们要坚持和运用好毛泽东思想活的灵魂，把我们党建设好，把中国特色社会主义伟大事业继续推向前进。"继承是发展、创新的前提，发展、创新是最好的继承。继承、发展、创新就是我们对毛泽东同志的最好纪念，也是我们党的中央领导集体对全党全国人民作出的庄严政治承诺。

那么，什么是毛泽东思想的活的灵魂？《关于建国以来

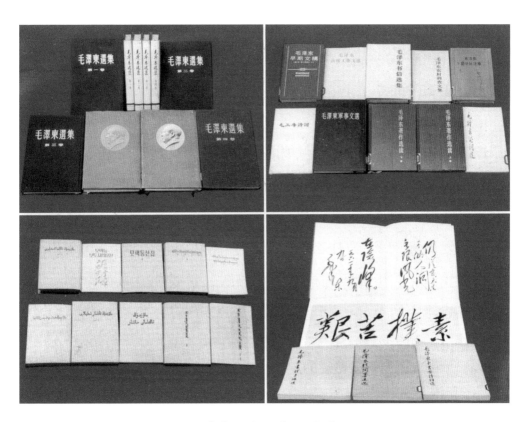

毛泽东同志的部分著作。

党的若干历史问题的决议》指出，毛泽东思想的活的灵魂就是贯穿其中的立场、观点、方法，它们有三个基本方面，即实事求是、群众路线、独立自主。习近平总书记在讲话中就新的形势和历史条件下，对毛泽东思想活的灵魂——实事求是、群众路线、独立自主"为什么坚持""怎样坚持"的问题，作了全面系统的深刻阐述。为什么要坚持实事求是？他指出："实事求是，是马克思主义的根本观点，是中国共产党人认识世界、改造世界的根本要求，是我们党的基本思想方法、工作方法、领导方法。不论过去、现在和将来，我们都要坚持一切从实际出发，理论联系实际，在实践中检验真理和发展真理。"为什么要坚持群众路线？他强调："群众路线是我们党的生命线和根本工作路线，是我们党永葆青春活力和战斗力的重要传家宝。不论过去、现在和将来，我们都要坚持一切为了群众，一切依靠群众，从群众中来，到群众中去，把党的正确主张变为群众的自觉行动，把群众路线贯彻到治国理政全部活动之中。"为什么要坚持独立自主？他提出："独立自主是我们党从中国实际出发、依靠党和人民力量进行革命、建设、改革的必然结论。不论过去、现在和将来，我们都要把国家和民族发展放在自己力量的基点上，坚持民族自尊心和自信心，坚定不移走自己的路。"

怎样坚持实事求是？习近平总书记在讲话中就如何正确理解和把握实事求是的精神实质，如何做到实事求是，提出了具体要求。他指出："坚持实事求是，就要深入实际了解事物的本来面貌。要透过现象看本质，从零乱的现象中发现事物内部存在的必然联系，从客观事物存在和发展的规律出发，在实践中按照客观规律办事。"事实上，从党的理论创新的历程看，解放思想、与时俱进、求真务实都是从实事求是这里拓展、衍生和丰富、发展而来的。因此，习近平总书记在讲话中要求我们，要坚持实事求是，就要清醒认识和正确把握我国仍处于并将长期处于社会主义初级阶段这个基本国情。在推进改革发展、制定方针政策中，牢牢立足于社会主义初级阶段这个最大实际，充分体现这个基本国情的必然要求，坚持一切从这个基本国情出发。他还进一步要求我们，要自觉坚定实事求是的信念、增强实事求是的本领，时时处处把实事求是牢记于心、付诸于行。他还强调，坚持实事求是，必须不断推进实践基础上的理论创新。

怎样坚持群众路线？习近平总书记在讲话中就如何正确理解和把握群众路线的本质属性，如何贯彻群众路线，提出了明确要求。他指出："坚持群众路线，就要坚持人民是决定我们前途命运的根本力量。坚持人民主体地位，充分调动人民积极性"。他要求，面对人民过上更好生活的新期待，我们不能有丝毫自满和懈怠，必须再接再厉，使发展成果更多更公平惠及全体人民，朝着共同富裕方向稳步前进。我们要保持党同人民群众的血肉联系，把群众观点、群众路线深深植根于全党同志的思想中，真正落实到每个党员的行动上，下最大气力解决党内存在的问题特别是人民群众不满意的问题，使我们党永远赢得人民群众的信任和拥护。

怎样坚持独立自主？习近平总书记在讲话中就如何正确理解和把握独立自主的特殊内涵，如何坚持独立自主，提出了基本要求。他指出："坚持独立自主，就要坚持中国的事情必须由中国人民自己作主张、自己来处理。""我们党在领导革命、建设、改革长期实践中，历来坚持独立自主开拓前进道路，这种独立自主的探索和实践精神，这种坚持走自己的路的坚定信心和决心，是我们党全部理论和实践的立足点，也是党和人民事业不断从胜利走向胜利的根本保证。"他强调，坚持独立自主，就要坚定不移走中国特色社会主义道路，既不走封闭僵化的老路，也不走改旗易帜的邪路。我们要增强政治定力，增强道路自信、理论自信、制度自信。我们要虚心学习借鉴人类社会创造的一切文明成果，但绝不照抄照搬别国经验和发展模式。我们要坚持独立自主的和平外交政策，坚定不移走和平发展道路。高举和平、发展、合作、共赢的旗帜，坚持在和平共处五项原则基础上同各国友好相处，在平等互利基础上积极开展同各国的交流合作，坚定不移维护世界和平、促进共同发展。